O, flexamina atque omnium regina rerum, oratio

COLECCIÓN
RUTAS DE TOLEDO:
CRÓNICAS DEL MISTERIO

Libro
TOLEDO MÁGICO

TOLEDO MÁGICO

Juan Luis Alonso Oliva
José García Cano
Luis Rodríguez Bausá

Coordinadora:
Amparo Bertol Laguna

Editorial LEDORIA
J   M   R

I.S.B.N.: 978-84-19887-62-7
Depósito Legal: TO-164-2025
© Del Texto: Los autores
© De la edición: Editorial LEDORIA - Jesús Muñoz Romero
© De las fotografías: Juan Luis Alonso Oliva, José García Cano y David Utrilla (*www.davidutrilla.com*)
* Calle del Conde de Casal, núm.47
Las Ventas con Peña Aguilera (Toledo)
* Calle de la Fuente del Moro, núm. 6
Toledo
Teléfono: 925 25 13 81
Correo electrónico de contacto: info@editorial-ledoria.com
www.editorial-ledoria.com

PRÓLOGO

Hay ciudades más antiguas, también las hay más grandes; hay urbes que se atreven a rasgar los cielos y otras que descienden hasta los infiernos. Sí, hay ciudades maravillosas, enigmáticas, mágicas, sobrenaturales, casi místicas... Pero ninguna es Toledo. No voy a reiterarme en la idea de que la capital castellano-manchega se puede visitar de muchas y diversas maneras: de día, de noche, sobre o bajo tierra, de un tiempo pasado a otro aún más pretérito... Y las percepciones que tendremos, las sensaciones que nos transmitirá, serán siempre diferentes. Porque aquí todavía se pueden saborear las esencias de su judería, la mezcla de piedra, sus laberintos en forma de callejas, a veces tan enrevesadas como una las sefirot de la cábala.

Toledo fue ciudad imperial, y guardó y guarda misterios sagrados, como la Cueva de Hércules, un lugar del que se ha dicho casi de todo, pero no tan bien como en su momento lo hizo el viajero y periodista Francisco Javier Brandoli: «En una pequeña calle, empedrada, en cuesta, como casi todos los caminos de la ciudad, se esconde la Cueva de Hércules. Nada hace pensar que, tras la pequeña puerta de madera, que hace frontera en la entrada, reposa una de las leyendas más hermosas de Toledo. Una historia que habla del mítico héroe griego, de España, de la ambición de los hombres en encontrar lo prohibido y del precio que pagaron por anhelarlo. Una historia que ha atravesado los siglos y que se mantiene en la memoria de las piedras, que aún aguantan el paso de los años».

Dice el paso del tiempo y la memoria selectiva que por España pasó el hijo del dios Zeus. Su periplo por la península Ibérica le llevó a distintos lugares. Y fue en medio de la ciudad castellana, lugar al que todas las culturas llegaron y se quedaron, donde fundó uno de sus palacios. En él, cuenta la leyenda, guardó incontables tesoros (joyas, metales preciosos y obras de gran valor como la Mesa de Salomón) y se practicó la magia y la alquimia. Cuando el héroe griego se marchó, dejó toda aquella riqueza en los sótanos de su palacio, en unas cuevas. Pero no los dejó solos. Mandó construir una puerta a la que cada rey nuevo que hubiera en Toledo debía de colocar un candado; otros, sin embargo, afirman que Hércules señaló que cada nuevo monarca de la ciudad debía construir una nueva puerta y ponerle un candado. Así, el número varía según las dos versiones. En la leyenda en la que se recoge una única entrada se habla de siete; en la que habla de múltiples puertas se llegaron a contar hasta veinticuatro (el número de reyes que hubo hasta que se abrió la puerta o puertas).

El héroe griego amenazó además con lo siguiente: «Que nadie abra estos candados». ¿Y quién se atrevió a desafiar el poder de Hércules y decidió buscar aquellos tesoros? Dicen que el rey visigodo don Rodrigo. El monarca rompió el compromiso con sus antepasados e hizo llamar a los guardianes del palacio y les pidió que le entregaran las llaves para descubrir qué se ocultaba al otro lado. A pesar de ser advertido de la prohibición, hizo que se arrancaran todos los cerrojos y entró a buscar su tesoro. En el interior había dos estatuas articuladas y subidas a caballo cubiertas por telas blancas. En el medio de ambas vio también un cofre. Don Rodrigo abrió aquella caja y sacó un papiro, en el que alguien escribió siglos atrás: «Hombres iguales que estos tomarán tu reino». Tiempo después, en el año 711, se produjo la conquista musulmana de la península Ibérica».

Ya en el XVI el cardenal Siliceo escuchó la leyenda de las Cuevas de Hércules, e intentó localizar su lugar exacto. Dicen los testimonios de la época que la excavación se alargó durante dos kilómetros, y pasó otra vez lo temido. Todos los que allí trabajaron murieron repentinamente en tres días. El cardenal, conocedor de la maldición de las Cuevas de Hércules, se acobardó e hizo que se sellara su entrada de forma definitiva.

Por este motivo no es extraño encontrar hoy día buscadores a los que les puede más la curiosidad que el miedo y que, al igual que en su momento hicieron el rey Ramiro y el cardenal Siliceo, intentan desvelar los secretos que aún permanecen ocultos en las entrañas de la fantástica Toledo.

Son historias que surgen de la leyenda y que parecen mecerse cómodamente entre los márgenes de una realidad irreal. Esa realidad mágica que solo ofrece un lugar como este. Y quienes defendemos que, tras el mito, cuando llegamos a los estratos más profundos con no poco esfuerzo, encontramos esa parte real que dio origen a los mismos, somos conscientes de que esta idea cobra una fuerza inusitada en Toledo. Porque, además, ese ejercicio de búsqueda acaba siendo más apetecible, por duradero que sea, que el propio objeto de la búsqueda.

En fin que, de historias legendarias, de leyendas históricas, de mitos enigmáticos o de enigmas míticos está llena Toledo y, por lo tanto, también el libro que ahora se dispone a leer. Una guía para viajar con la imaginación, pero ya que estamos, también con el cuerpo. Como ya lo hicieron otros antes que nosotros; quizás para cantar su belleza, su magia y su magnetismo con la fuerza de la palabra: «En su seno guarda todos los recuerdos, todas las tradiciones de España; la fábula y la historia se disputan su nombre; los pueblos, la gloria de haber abierto los cimientos de sus muros», José Amador de los Ríos.

Lorenzo Fernández Bueno
Director de *El Colegio Invisible* en Onda Cero

INTRODUCCIÓN

Ya en el primer volumen *Fantasmas de Toledo*, nos pudimos adentrar en el mundo del misterio, en ese caso relacionado con los enclaves de la ciudad de Toledo donde ocurren fenómenos difíciles de explicar.

Con este segundo libro, desde **Rutas de Toledo** nos ponemos de nuevo en marcha para acercaros a ese Toledo diferente y misterioso. Llevamos muchos años contando una pequeña parte en una de las rutas por excelencia más solicitadas por todas las personas que vienen a visitar nuestra ciudad, que es la ruta **Toledo Mágico**, en la que nos adentramos en la historia de la Inquisición y la brujería, historias de mujeres y hombres que no dejaron indiferente a nadie, además de otras cuestiones como leyendas, reliquias u objetos de culto perdidos y que el hombre ha intentado encontrar sin descanso a lo largo de la historia, como es el Santo Grial o la Mesa de Salomón, momias y lugares ocultos, calles con nombres curiosos... Pero: ¿Qué es la magia?, ¿qué es una bruja?, ¿hay sitios en Toledo donde se practicaba magia?

En Toledo, en cada edificio, en cada calle, en cada rincón, en cada piedra... se esconde una historia o una leyenda que contar. Con este libro podremos aprender qué es y de qué hablamos cuando nos referimos al mundo mágico y haremos un recorrido por lugares de la ciudad llenos de magia, abarcaremos historias de brujas, hechiceras y, por qué no, hechiceros, que también los hubo...

Cuestiones de un Toledo diferente desde los albores hasta la actualidad. Descubriréis algunos de los personajes más insólitos que pasaron por Toledo y cuevas y subterráneos llenos de misterio. ¿En alguna de ellas pudo haber duendes? Quién sabe...

En libros como *El Toledo insólito* de Luis Rodríguez Bausá o *Navegando por las leyendas de Toledo* de Juan Luis Alonso Oliva, (que los asistentes a nuestras visitas guiadas pueden descargar de forma gratuita), se abordan algunos de los temas que aquí se referirán. Otras cuestiones están dispersas en muchas publicaciones que era importante rescatar, y nos parecía buen momento para recopilar toda esa información en este volumen que esperamos os lleve a aprender y descubrir este Toledo que es uno de mis favoritos, junto con el mundo de las leyendas. Que disfrutes de la lectura.

Amparo Bertol Laguna

1
¿DE QUÉ HABLAMOS CUANDO NOS REFERIMOS AL MUNDO MÁGICO?

Admitamos que ésta es una cuestión controvertida. Y lo es porque para mucha gente estas cuestiones vinculadas al mundo mágico no son más que fantasías de gente que saca conejos de la chistera y ve fantasmas donde no hay nada que no tenga explicación racional. Eso, a todas luces, se llama desconocimiento y falta de miras sobre lo que lleva aconteciendo a la humanidad desde su creación. No es este —sin embargo— ni el momento ni el lugar de entrar en disputas con los ultrarracionalistas incapaces de aceptar aquello que escapa a sus sesudas investigaciones. Allá ellos/as...

Hace años, Luis Rodríguez Bausá y Javier Mateo y Álvarez de Toledo en la *Guía mágica de Toledo y su provincia*[1] incluyeron un capítulo final que se denominaba «Guía para principiantes: apuntes bibliográficos, archivísticos y documentales para iniciarse en la búsqueda de lo mágico». Una década y media después de su publicación, aquellas páginas siguen teniendo vigencia y a ella remitimos a los/as lectores interesados en iniciarse en este tipo de análisis.

Estos mismos autores en la obra colectiva *Lugares mágicos de España y Portugal*[2] trataban de justificar la fama de Toledo como enclave mágico por excelencia, haciendo un recorrido por los lugares de nuestra ciudad con mayor vinculación con el mundo mágico, y precisamente de esto trata el libro que tienes entre las manos.

---

[1] RODRÍGUEZ BAUSÁ, L. y ÁLVAREZ DE TOLEDO, J.; *Guía mágica de Toledo y su provincia*, Toledo, Ediciones Covarrubias, 2010.
[2] VV.AA.; *Lugares mágicos de España y Portugal*, Badajoz, Esquilo, 2007.

También hace varias décadas que los malogrados Fernando Sánchez-Dragó y, sobre todo, Juan García Atienza crearon el término de «España mágica», popularizando lo que era un clamor para mucha gente: que existe otra historia que debía ser contada y divulgada.

La obra *Gárgoris y Habidis. Una historia mágica de España*[3], pero, sobre todo, la *Guías de la España mágica* de Atienza[4] y la *Guía sobrenatural de España*[5] iniciaron el camino para que otros muchos investigadores del mundo heterodoxo publicaran sus obras sobre los aspectos más secretos ocultos y misteriosos de nuestros enclaves peninsulares.

Afirmaba Atienza que:

El lugar mágico es una evidencia que cualquier historiador tiene la obligación de reconocer al margen de que, según su formación académica, quiera o no aceptarlo como una realidad objetiva.

Y un poco más adelante añadía con relación al lugar mágico que era:

Aquel en el que a lo largo de la historia se han amontonado, a veces sin orden y a veces con una continuidad sorprendente, una serie de circunstancias insólitas que lo han convertido en centro sagrado permanente, o en un lugar en el que secularmente también se han dado cita los anatemas y maldiciones que han podido acumular fuerzas espirituales predominantes de cada periodo cultural[6].

---

[3] SÁNCHEZ-DRAGÓ, F.; *Gárgoris y Habidis una historia mágica de España*, Madrid, Planeta.
[4] Salieron dos volúmenes bajo el título de *Guías de la España mágica I y II*, a los que habría que añadir los ocho volúmenes de las *Guías de la España insólita* de este mismo autor.
[5] PASCUAL, C.; *Guía sobrenatural de España*, Madrid, Al-Borak, 1979..
[6] GARCÍA ATIENZA, J.; «Los lugares mágicos», en *El mundo mágico. Historia 16*, n° 136, Madrid, 1987.

Con poco esfuerzo podrá deducir el lector que parece con esa última afirmación que se estuviera refiriendo a Toledo.

Volviendo a la obra de Atienza, en aquellas guías mágicas aparecía una compilación de símbolos, los cuales —a juicio de este autor— constituían la esencia de lo que debería ser englobado dentro del concepto del «mundo mágico».

Copiamos a continuación ese resumen para que todos tengamos claro a que nos referimos:

Alquimia	Fiesta extraña
Caverna mágica	Imagen mistérica
Brujas	Culto ancestral
Fenómenos paranormales	Monasterio mágico
Virgen negra	Sufismo, leyenda islámica
Arquitectura mágica	Lugar natural mágico
Curanderos	Erotismo sagrado
Dólmenes	Peregrinos
Petroglifos	Herreros
Santuario prehistórico	Viñedos
Leyenda mágica	Antigua minería
Enclave místico	Lugar graálico
Templarios	Lugar noético
Signos de civilizaciones	Colonia griega
Milagros	Batalla
Signos e inscripciones	Leyenda marítima
Santos curiosos	Leyenda medieval
Herejías	Constructores medievales
Cábala	Escalas simbólicas
Fuente santa	Ermitaño
Monte sagrado	Constructores de puentes
Tumba especial	Cruz de Calatrava
Pueblo maldito	

Crónicas del misterio

En la *Guía de la España mágica*[7] a la que páginas atrás aludíamos, Atienza incluye un capítulo que titula «Los lugares mágicos a la vuelta de la esquina», donde leemos:

Cuevas, ermitas, megalitos, claustros, santuarios remotos, huellas de aquelarres, cultos a santos imposibles, núcleos de curanderos, montes mágicos, capillas ocultistas, capiteles alquímicos, pinturas de simbolismo insólito, momias benditas, recuerdos de prodigios increíbles, historias de vampiros o de hombres lobo, o hasta la presencia de meigas, de videntes milagreras o de leyendas míticas siguen siendo, si no precisamente el pan nuestro de cada día, sí la sal de otra realidad que salpica la superficie de nuestra península con las manchas de un universo extraño...

El secreto está en nuestra capacidad de captar, en nuestro deseo sincero de raspar en porqués sin respuesta racional para que nos apunten hacia un universo de sombras delatoras, de algo escondido en lo más hondo y olvidado de nosotros mismos.

Recopilando lo que otros autores han aportado en forma de cuestiones para conformar el universo mágico —añadiendo aportaciones propias—, podríamos señalar los principales interrogantes (a los que cualquiera puede sumarse) para ver si existen en nuestra localidad cuestiones mágicas las siguientes:

—¿Hay noticias de fantasmas, aparecidos, espectros...?
—¿Ocurren fenómenos inexplicables en el cementerio?
—¿Y en alguna casa, o ermita, o iglesia o monumento?
—¿Monumentos prehistóricos?
—¿Hay montes que se tienen por sagrados desde tiempos ancestrales?
—¿Hay topónimos insólitos en la ciudad/pueblo?

---

[7] ATIENZA; *op.cit.*

—¿Se cuentan historias de duendes, hadas, elfos u otros seres mágicos?

—¿Cuevas o subterráneos misteriosos?

—¿Qué se cuenta del bosque cercano?

—¿Hay recuerdos de brujas, magos, alquimistas, astrólogos, nigromantes?

—¿Libros malditos?

—¿Petroglifos o piedras con símbolos extraños?

—¿Marcas de cantería?

—¿Mitos, tradiciones o leyendas misteriosas o iniciáticas?

—¿Apariciones de Vírgenes, Cristos o Santos?

—¿Apariciones infernales?

—¿Reminiscencias de herejías?

—¿Libros prohibidos o malditos?

—¿Tesoros perdidos?

—¿Reminiscencia griálica?

—¿Tradiciones misteriosas?

—¿Enigmas en los conventos?

—¿Qué tienen de insólitas las fiestas de ese emplazamiento?

—¿Pinturas con motivos ocultistas?

—¿Piedras mágicas u oscilantes?

—¿Figuras extrañas en algún paraje?

—¿Necrópolis? ¿Tumbas o sepulcros antropomorfos?

—¿Sorprendentes hallazgos arqueológicos?

—¿Santos o monjas/as incorruptas?

—¿Cristos venidos de las aguas o del cielo?

—¿Iconografía fantástica: canecillos, capiteles, modillones...?

—¿Presencia de minorías marginadas?

—¿Juderías o barrios islámicos?

—¿Incidencias de avistamientos OVNI?

—¿Desapariciones misteriosas?

—¿Reliquias?

—¿Construcciones medievales?

—¿Erotismo sagrado?

—¿Arquitecturas insólitas?

—¿Noticias en prensa misteriosas?

—¿Danzas extrañas?
—¿Fundaciones u orígenes mitológicos?
—¿Peregrinaciones?
—¿Procesos inquisitoriales?
—¿Vírgenes o Cristos negros?
—¿Cultos extraños?
—¿Catedrales, iglesias, monasterios conventos?
—¿Personajes heterodoxos, visionarios o marginados?

Estos interrogantes que acabamos de esgrimir no agotan el tema ni mucho menos, pero pueden suponer un buen punto de partida para quienes deseen iniciarse en la localización de enclaves mágicos.

Si el lector/a tiene a bien continuar leyendo descubrirá como la fama de nuestra urbe como enclave mágico no ha desaparecido con el paso de los tiempos y sigue viva en la actualidad.

2
TOLEDO CIUDAD MÁGICA
DESDE LOS ALBORES...

La fundación de la ciudad se ve inmersa en mitos y leyendas atribuidos en no pocas ocasiones a personajes, dioses o semidioses de carácter mágico. De esta guisa, hasta donde sabemos, se ha atribuido la fundación de la ciudad a Hércules, a los griegos, a Noé, a Túbal o a Ferecio, por citar algunos ejemplos a los que seguirán otros de los que luego hablaremos. Vale decir, desde sus orígenes nuestra urbe estuvo vinculada al universo mágico.

Las obras de Pedro de Rojas[8] y la de Alcocer[9] son los primeros intentos de dar a conocer los secretos mágicos de la urbe. En ambos textos se citan ya cuestiones como la cueva de Hércules o la unión entre el mundo heterodoxo y nuestra ciudad.

HISTORIA
DE LA IMPERIAL
NOBILISSIMA.
INCLITA, Y ESCLARECIDA CIVDAD
DE TOLEDO,
CABEZA DE SV, FELICISSIMO REYNO:

FVNDACION, ANTIGVEDADES, GRANDEZAS, Y
principio de la Religion Catolica en ella; y de su Santa Iglesia, Primada
de las Españas: Vidas de sus Arçobispos, y Santos; y cosas memora-
bles de su Ciudad, y Arçobispado.

DEDICALA

A LA MAGESTAD DE EL MVY ALTO, Y
Poderoso Señor Don FELIPE Quarto, nuestro Rey y Señor, y
de las Españas, Nuevo Mundo, y de otras muchas
Coronas:

DON PEDRO DE ROIAS,
CONDE DE MORA, SEÑOR DE LAS VILLAS
de Layos, y el Castañar, Cauallero de la Orden Militar de
Calatraua, del Consejo de su Magestad en el Supremo
de Italia, y Mayordomo de la Reyna nuestra se-
ñora, y sus Altezas.

PARTE PRIMERA.

CON PRIVILEGIO,
En Madrid, Por Diego Diaz de la Carrera, Impressor del Reyno,
Año de M.DC.LIV.

---

[8] ROJAS, P.; *Historia de la imperial, nobilísima y esclarecida ciudad de Toledo*, Madrid, Diego Díaz de la Carrera, 1654.
[9] ALCOCER. P.; *Historia o descripción de la imperial ciudad de Toledo*, Toledo, Juan Ferrer, 1554.

Mención especial de la obra de Pedro de Rojas merece el capítulo II, dedicado casi en su totalidad a los orígenes de la ciudad, que la hace ser fundada por personajes como Túbal (nieto de Noé):

> *De esta forma, Toledo ha más de dos mil años que se fundó, que ni Roma, ni de otra ciudad de España que oy persevere con su nombre y sitio se dice.*

También se suma a la hipótesis de cierto arcediano de Ronda, quien afirma que la urbe toledana fue fundada por el quinto rey de España, Tago, de donde tomaría su nombre nuestro río Tajo.

Más fantástico aún resulta la tercera de sus hipótesis fundacionales:

> *Hércules Egipcio, rey de España, después de aver entrado a reynar por los años de mil y setecientos y cincuenta y nueve antes de Cristo, fundó tres ciudades: una en el Oriente en Cardania, otra al Occidente llamada Heraclia y ahora Gibraltar y la tercera en el centro y medio de España que fue Toledo.*

Los siguientes candidatos a ser los fundadores de la ciudad son Pirro, los griegos o los romanos Tolomeo y Bruto.

En el capítulo «Toledo mágico: la pervivencia de un mito[10]», Luis Rodríguez Bausá y Javier Mateo recordaban otra posibilidad:

> *Faltaban todavía 1700 años para el nacimiento de Cristo, cuando un poderoso mago llamado Ferecio vagaba por todos los rincones del mundo conocido en busca del lugar idóneo en el que desarrollar su poder, su magia y su sabiduría en las artes de la nigromancia.*
>
> *Dicen que en lo más profundo de la oscura y tenebrosa cueva que horadaba un promontorio rocoso, a la orilla de un interminable río, fieramente protegida por una serpiente*

---

[10] *Op.cit* pag 381.

de siete cabezas, halló el mago lo que tanto ansiaba, el laboratorio natural de magia más poderoso que se conociera.

Sabios, brujos, alquimistas y nigromantes se llegaron pronto a este lugar y bautizaron el monte como Ptolietron, dejando en su interior y para siempre un misterio y una fuerza que, con el paso de siglos, culturas y religiones no ha hecho sino engrandecer la fama de Toledo como ciudad de la magia.

En la obra *Toledo*[11] de Caro Baroja se establece un pequeño resumen de las teorías fundacionales. Según se perfila ya en el siglo XVI (y se repite hasta el siglo XX) acerca de la fundación de Toledo, se han sustentado las opiniones siguientes, dejando a un lado lo que dijeron los árabes sobre lo que se indicará algo luego:

—La de que la fundó un misterioso rey venido de Oriente llamado Rocas.
—La de que el fundador fue un hijo de los «siciones» venido también de fuera.
—La de que lo fundaron los almonides.
—Que se trata de una fundación romana.
—Que es fundación griega y que el nombre viene de Ptoliethron.

Hasta aquí las principales hipótesis fundacionales de nuestra ciudad. Nos toca avanzar...

Hace veinticinco años Bausá publicaba su artículo «Disquisiciones sobre lo mágico en Toledo[12]», y al interrogarse por las posibles causas de este maridaje perpetuo entre la ciudad y lo mágico afirmaba:

Es posible, por tanto, que el origen de esta fama haya que buscarlo en la acumulación de numerosos factores, tales como el incierto origen de la ciudad, la presencia por espacio

---

[11] CARO BAROJA, J.; *Toledo*, Barcelona, Destino, 1988.
[12] RODRÍGUEZ BAUSÁ, L.; «Disquisiciones sobre lo mágico en Toledo», en *Toledo, tierras y pueblos. Revista de cultura provincial*, nº 8, Toledo, 1998.

de muchas centurias de las culturas judía y musulmana, cuyos rituales escapaban de la general comprensión del pueblo, que inmediatamente los consideraba no sólo heréticos sino peligrosos, la fuerza del ascetismo cristiano junto al rigor de nuestro contrarreformista tribunal del Santo Oficio, la inmensa obra cultural que emergió de la escuela de traductores, los numerosos magos astrólogos y nigromantes que ejercieron sus artes en nuestro suelo, los viajeros ilustrados que se acercaban hasta aquí ávidos de conocimientos de saberes prohibidos, el importante núcleo hechiceril que vivió en la ciudad en el siglo XVII, un paisaje oscuro, cavernoso y por tanto propiciador de ensoñaciones y maravillas, a lo que hay que añadir la gran cantidad de documentos impresos, que desde la Edad Media fueron construyendo un corpus documental que relacionaba inevitablemente a Toledo con las artes mágicas, llegando incluso a conocerse a éstas con el Arte toledana.

Finalmente, creo que nuestra «milagrería» exacerbada y ampliada como corresponde, por la Sede Primada, junto a una toponimia muy especial, a lo que hay que unir la localización de enclaves donde estuvieron o están presentes fenómenos paranormales, tales como los desaparecidos conventos de San Miguel o el de los Capuchinos (dentro de cuyos muros se produjeron éxtasis, levitaciones, etc), ha reforzado esa idea que venimos señalando.

Sin duda, estos párrafos que acabamos de reproducir ofrecen un buen ejemplo para conocer cuánto de asombroso se lleva produciendo en estos lares desde la noche de los tiempos.

El afamado monje Benito Jerónimo Feijóo[13] escribía:

La especie de que un tiempo hubo en España escuelas de las artes mágicas[14] señaladamente en Salamanca, Toledo y

---

[13] FEIJÓO, J.B.; «Cuevas de Salamanca y Toledo y mágica de España», en *Theatro Crítico Universal*, t. VII. Imprenta de Lorenzo Francisco Majado, Madrid.

Córdoba no sólo se derramó en el vulgo, mas también logró asenso entre grandes escritores.

Según algunos autores, el momento cumbre del despertar mágico de la urbe coincide con la aparición de un texto árabe traducido al latín como *Virgilii Cordubensis Philosophia*, donde se ensalza la imbricación entre lo oculto y Toledo.

...HASTA LOS TIEMPOS ACTUALES

Decíamos en el capítulo primero que la fama de Toledo como ciudad mágica nos acompaña desde hace siglos y continúa en la actualidad. Los testimonios y las noticias de prensa referidas al tema que nos ocupa son innumerables. Basta con que el lector/a husmee por cualquiera de los buscadores habituales de la red para darse cuenta de esta realidad.

Para que no se nos acuse de hablar sin ton ni son, aquí van algunos ejemplos que son un buen indicativo de esto a lo que nos referimos.

No comentaremos las noticias ni la pareidolia que adjuntamos porque no es éste el lugar para hacerlo, las mostramos a título de ejemplo tan sólo.

Aseguran oir voces que salen de la tumba del cardenal Gil Álvarez de Albornoz

Se encuentra en la capilla de San Ildefonso de la catedral

Toledo. Luis Moreno Nieto

Circula estos días entre los visitantes más asiduos de la catedral un rumor relacionado con la tumba del cardenal Gil Álvarez de Albornoz que está enterrado en la capilla de San Ildefonso. Se dice que en la parte inferior del sepulcro se filtra de vez en cuando un líquido grasiento que los más imaginativos suponen procedente del interior de la sepultura. Hay quien ha llegado a afirmar que se oyen voces que salen de la tumba

---

[14] Sobre esta cuestión de las escuelas de artes mágicas habremos de volver en un capítulo posterior.

Con este titular tan sugerente se publicaba una noticia[15] sobre supuestas psicofonías que provenían de la tumba del cardenal Gil Álvarez de Albornoz, así como la aparición en los alrededores de la sepultura de manchas de un líquido grasiento que tenían que limpiar las encargadas de la limpieza de la catedral en numerosas ocasiones.

Estarán de acuerdo en que la sola idea de que la tumba de un cardenal que murió en el año 1367 en Viterbo, fue enterrado en Asís y luego trasladado hasta la capilla de San Ildefonso de nuestra catedral, rezume líquidos y voces seis siglos y medio después de muerto muy normal no parece.

Vamos con la segunda noticia...

La publicó la revista *Bisagra* en su número 162 correspondiente también al año 1993.

El "papa satánico" vive en Toledo, se ha autoinvestido y proviene de la primera fase del ocultismo

Un experto del Vaticano confirma la existencia de un "papa negro" en Toledo

Desde antiguo se tenía por cierto que Toledo que nuestra ciudad junto con Turín y la ciudad francesa de Dijon constituían un triángulo mágico en el que de manera rotatoria se iban turnando las sectas satánicas para elegir a su líder. En el siglo XX parece ser que tocó Toledo.

Suma y sigue.

En el año 2003 Luis Rodríguez Bausá publicaba en su libro *Toledo insólito*[16] (capítulo III) la fotografía de una supuesta pareidolia con el torso de lo que parece un monje o un caballero tem-

---

[15] La noticia la publicaba Luis Moreno Nieto en *ABC* el 31 de marzo de 1993.
[16] RODRÍGUEZ BAUSÁ, L.; *Toledo insólito. Ensayo sobre lo mágico, oculto y misterioso*; Toledo, Bremen, 2003.

plario aparecido en un lateral de la iglesia de San Justo y Pastor. Tiene toda la pinta de ser una mancha de humedad... o no. Quién sabe. El caso es que vuelve a ser un buen ejemplo de fenómenos extraños en nuestra urbe.

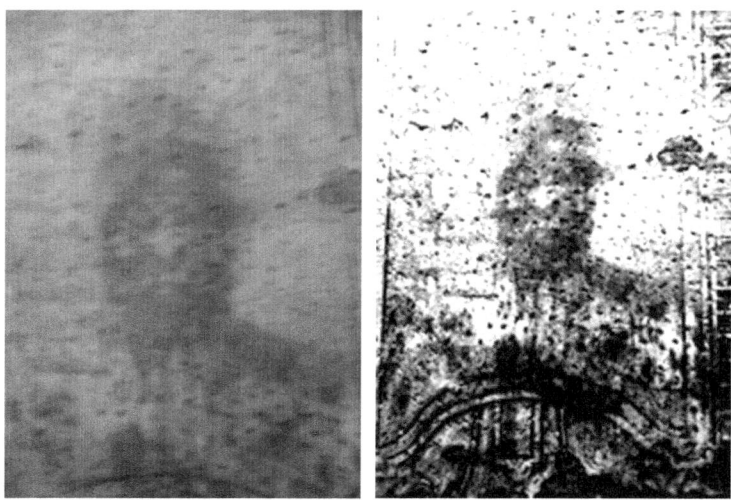

Una última y cambiamos el tercio.

El cementerio de Toledo, escenario de santería y brujería

Multitud de tumbas amanecen diariamente con restos de velas negras, rodeadas de anís y comida envuelta en servilletas con lazos de colores. El Ayuntamiento promete reforzar la vigilancia

Esta noticia aparecía de la mano de Justo Monroy publicada en *La Tribuna de Toledo* el 19 de abril de 2024 y sorprendía —en parte— a los habitantes de nuestra tranquila ciudad. Digo en parte porque desde hacía meses se estaban produciendo una serie de robos en camposantos de la provincia, aunque su fin era la venta de cruces y estatuas, no con fines de brujería ni santería. En cualquier caso, no deja de ser un buen indicativo de esa fama que nos persigue.

3

BRUJAS Y HECHICERAS TOLEDANAS: DEL MITO A LA REALIDAD

En estas líneas vamos a intentar desterrar algunos mitos (y falsedades) sobre la cuestión de las brujas en Toledo, ampliamente estudiada desde hace años. Es cierto que el asunto brujeril ha dado mucho que hablar y ha generado multitud de estudios modernos y de artículos al respecto, ya que no cabe duda de que Toledo es una ciudad mágica y hechiceril, algo confirmado desde hace siglos, como nos muestra la documentación inquisitorial y las antiguas crónicas, que cuentan como ya desde el siglo XIII, los estudiosos de la magia venían a Toledo a aprender y a practicar, entre otras cosas, la nigromancia[17] y otras artes similares. Lo cierto es que intentando humanizar aquellas prácticas y rastreando las costumbres y el modo de vida de aquellas protagonistas de la magia, nos topamos con los conceptos de bruja y de hechicera, figuras que desde hace muchos siglos se vienen encontrando en la sociedad toledana y, por extensión, española.

Los procesos inquisitoriales abiertos a brujas toledanas son recogidos en el archivo inquisitorial, que comienza con la llegada de este tribunal a nuestra ciudad (1485) procedente de Ciudad Real, donde se estableció en un principio. Es cierto que con los documentos en la mano, uno de los primeros procesos documentados y abiertos en la ciudad de Toledo por prácticas mágicas se datará en 1530, cuarenta y cinco años después de llegar la Inquisición a la capital del Tajo; este dato también se entiende debido

---

[17] Barkai, R.; «Magia oculta y magia popular en la Edad Media y en el Renacimiento», en *Actas del III Congreso Internacional de las Tres Culturas*, Toledo, 1988.

a que anteriormente al decreto promulgado en el año 1500, antes de esa fecha los casos de brujería, superstición y magia los gestionaban seglares, y de ahí que no tengamos apenas referencias o expedientes por estos casos en la última parte del siglo XV.

Como nos cuenta el gran historiador Kamen[18], sería a partir de 1520 cuando la Inquisición comienza su control en delitos de brujería y magia, tanto en las coronas de Castilla y de Aragón, y por ello vamos encontrando algunos procesos en el tribunal toledano. Uno de ellos es el de Leonor Barzana (1530-1547)[19], una mujer experta en ligar varones, a la cual la Inquisición no puede acusar de muchos más delitos que el de intentar apagar la virilidad de los toledanos de aquel momento.

Si intentamos rastrear ese pasado brujeril tanto de la ciudad de Toledo como de nuestra provincia, debemos tener en cuenta que tradicionalmente Toledo no ha sido tierra de brujas y aquelarres, como por ejemplo sí ocurrió en el País Vasco, Aragón o Cataluña, donde encontramos diversos procesos contra brujas que acabaron con multitud de muertes y con casos que pasarán a la historia como el famoso proceso de Zugarramurdi[20] (Navarra), en pleno valle del Baztán. No olvidemos que uno de los inquisidores que se vio envuelto en aquel proceso se llamaba Alonso de Salazar y Frías[21], quien también pasó por el tribunal inquisitorial de Toledo en varias ocasiones, y gracias al cual se aportó algo de serenidad y lógica al asunto de las brujas en España, ya que consiguió que la propia Suprema Inquisición asumiese los errores cometidos a

---

[18] Kamen, H.; «Notas sobre brujería y sexualidad y la Inquisición», en *Inquisición española y mentalidad inquisitorial*, Barcelona, 1984.
[19] Insistimos en su nombre: Leonor de Barzana y no Leonor de Braganza, como hemos escuchado erróneamente en multitud de ocasiones y como aparece en determinadas fuentes escritas y digitales. Para más datos ver su proceso de fe en el expediente del Archivo Histórico Nacional (A.H.N.), sección Inquisición, 82, expediente 24.
[20] El caso de las brujas de Zugarramurdi, que tanta literatura ha provocado, se considera como un punto de inflexión a la hora de proceder contra los reos, ya que los tribunales inquisitoriales entendieron que los procesados no eran culpables solo porque tal o cual vecino los denunciase.
[21] Archivo Histórico Nacional (A.H.N.), Inquisición, 2104, expediente 12.

la hora de tomar declaración a los acusados y que no se creyese gratuitamente a aquellos que delataban a sus vecinos con la única intención de salvarse a sí mismos. Desde el auto de fe de Logroño de 1610, las acusaciones por brujería en toda España ya no serían tan habituales y se tomaría más en serio a las supuestas víctimas antes de atacarlas implacablemente con la espada justiciera de la fe.

Para hacernos una idea del perfil de las personas que pasaron por el tribunal inquisitorial toledano, tomaremos una muestra de algunos de los procesos abiertos entre los siglos XVI al XVIII, si bien no conservamos el ciento por ciento de los expedientes de aquellas fechas,

La bruja. Estampa de 1506 de Benedetto Montagna. Biblioteca Nacional (Invent/ 29899).

estos nombres nos sirven de ejemplo. No obstante, uno de los datos que extraemos es el mayor índice de mujeres que de hombres en los casi cuarenta casos que recogemos en estas líneas, hecho que se explica por los condicionantes sociales, religiosos y culturales que sufrieron aquellas mujeres y que en muchos casos las avocaban a realizar estas prácticas mágicas y curativas.

NOMBRE	FECHA	DELITO	SENTENCIA
Leonor Barzana	1530-1537	Hechicería	Condenada
Francisca	1532-1535	Hechicería	Condenada
Catalina Gómez	1532-1535	Hechicería	Condenada
Catalina de Tapia	1532-1535	Hechicería	Condenada
Juana Hernández	1538	Hechicería	Condenada
Catalina Rodríguez	1538	Hechicería	Condenada

Francisca Bautista (alias Cabeza de Vaca)			
	1553	Hechicería	Condenada
Elena de Céspedes	1587-1589	Hechicería	-
Catalina Mateo	1590-1591	Hechicería	Condenada
Juana la Izquierda	1590-1591	Hechicería	Condenada
Olalla Sobrina	1590-1591	Hechicería	Condenada
Damián de Mendoza	1595	Brujería	-
Inés Rodríguez	1618	Hechicería	Condenada
Ana de Mora	1620-1623	Hechicería	Condenada
María de Vargas (alias Antonia Godoy)			
	1624	Hechicería	Condenada
Inés del Pozo	1630-1631	Hechicería	Condenada
Ana de la Cruz	1635	Hechicería	Condenada
Isabel Bautista	1637-1638	Hechicería	Condenada
Ana de Miranda	1643-1644	Hechicería	Condenada
María de Castro	1644-1645	Hechicería	Condenada
Flora Valentín	1645	Hechicería	Condenada
Ana María García, la Lobera	1648	Hechicería	Condenada
María de Chaves	1650	Hechicería	Suspendida
María Pérez	1650-1651	Hechicería	Condenada
Ana	1652	Hechicería	Condenada
Isabel de Montoya	1671	Hechicería	Suspendida
María del Campo	1689	Hechicería	-
Mariana del Valle	1702	Hechicería	Condenada
María Romero	1702	Hechicería	Condenada
Cebriana de Escobar	1702-1705	Hechicería	Condenada
Catalina García de Castro	1731	Hechicería	Suspendida
Ana Ruiz (alias la Pava)	1768	Hechicería	Incompleta
Francisca Varriales	1777	Hechicería	Incompleta
Vicente Gómez de Villalobos	1789	Hechicería	Incompleta

Analicemos a continuación algunos de estos procesos, para intentar comprender mejor la realidad de aquellas personas acusadas de brujería y hechicería y, sobre todo, para separar la realidad de la leyenda generada sobre ellas. Uno de estos casos es el de Cebriana de Escobar, cuyo proceso se abre en 1702, a la cual se acusó de delitos de hechicería, sortilegio, superstición, embuste y de tener pacto explícito con el demonio, por todo lo cual incurrió en pena de excomunión mayor.

No fue la única rea a la que se le acusó de toda esta retahíla de delitos, confirmándose que en muchos casos los inquisidores —y a veces el propio vecindario— se cebaban con estas pobres mujeres, que dudamos pudieran cometer tantos delitos juntos. Cuando se abrió el proceso a Cebriana y proceden a registrarla[22], encuentran lo siguiente: una bolsa encarnada y azul, toda cosida, y dentro dos estampas, una de ellas de Santa Marta, un ochavo agujereado por la orilla, un papel con polvos encarnados y otro papel con tres granos pequeños, dos blancos y uno negro, así como un pedazo de piedra blanca que parece de altar. Su condena fue la siguiente: «Que salga en el auto de fe en forma de peni-tente, se lea en él su sentencia con méritos, abjure de Leví[23], sea gravemente advertida, reprendida y conminada y condenada a vergüenza pública por las calles de esta ciudad, y desterrada de ella y de la villa de Madrid, corte de Su Majestad, por tiempo y espacio de cuatro años con ocho leguas de contorno». Vemos como en este caso la pena se limita a la infamia pública, a que la rea abjure y se la reprenda convenientemente, con lo cual no siempre estas víctimas eran condenadas a muerte, incluso cuando había de por medio pactos explícitos con el diablo.

Recuperemos ahora el caso de Catalina Mateo, viuda de Barto-lomé Moreno, a la cual se acusó de brujería. Según ella confesó al tribunal inquisitorial toledano, había tenido acceso carnal con el demonio y afirmó que al principio de aquella relación fue a su casa «el dicho demonio diez o doce noches», y posteriormente otras tantas veces, muy a menudo. La manera de tener acceso carnal con ella era echándose encima (como cualquier hombre) y «la metía en su bajo un vergajo como cabrón», e insiste en que «no le echaba en su cuerpo cosa ninguna de la forma que echan

---

[22] A.H.N., Inquisición, 85, expediente 11.
[23] Recordemos que el proceso de abjuración por parte de los presos inquisito-riales significaba reconocer por su parte los pecados heréticos que había co-metido, lo que conllevaba a continuación el arrepentimiento, algo que era requerido por parte del tribunal para la posterior reconciliación del preso.

los hombres a las mujeres», queriendo decir que el demonio no llegaba a eyacular durante aquellos encuentros. También confesó que estando presa había venido el dicho demonio muchas noches a hablar con ella y la había hablado, y que estando ella durmiendo, había tenido acceso carnal por la fuerza. En la descripción que hace del maligno asegura que lo veía «en forma de cabrón con su pelo largo, uñas largas y cuernos largos».

Catalina siguió contando que tiempo atrás, junto a dos compañeras llamadas Juana la Izquierda (viuda de Pedro Izquierdo) y Olalla Sobrina (viuda de Juan de Fuente el Saz), vecinas todas de la villa del Casar (Guadalajara), estando una noche en casa de otra de sus compañeras —por cierto también acusadas de brujas—, las tres juntas se desnudaron completamente y se untaron una sustancia en las coyunturas de sus manos y pies, estando presente el dicho demonio en figura de cabrón; seguidamente, todas juntas y el demonio con ellas alzadas del suelo por el aire, fueron diciendo siempre muchas veces «vamos viga por viga y en la ira de Santa María», llegando a casa de una pareja que tenía una niña pequeñita de poca edad, a la cual asesinaron brutalmente como ya habían hecho con otros bebés. Afirmaron que, en otra ocasión, asesinaron a una niña de corta edad, después de entrar en su casa por la ventana y luego «le quebraron las piernas e hicieron otros malos tratamientos y quedó la criatura muerta». Con unas brasas que llevaban en una teja, la habían quemado y asado por las piernas y carcañales (parte posterior de la planta del pie), y para no ser sorprendidas, durmieron al padre de la criatura colocándole adormideras en la almohada. Durante todo este tiempo el demonio estuvo presente con ellas, de nuevo con forma de cabrón con unos cuernos largos. Poco después, y una vez que las encontró el padre, salieron de nuevo por la ventana llegando a otra casa donde tuvieron acceso carnal con el demonio. Parece ser que además de esa criatura, en otras ocasiones habían ido a otras tres casas a matar a otras tres más, yendo untadas por el aire y diciendo «vamos viga por viga, en la ira de Santa María». Catalina Mateo llamaba al demonio diciendo: «Demonio, ven a mí llamado e mandado».

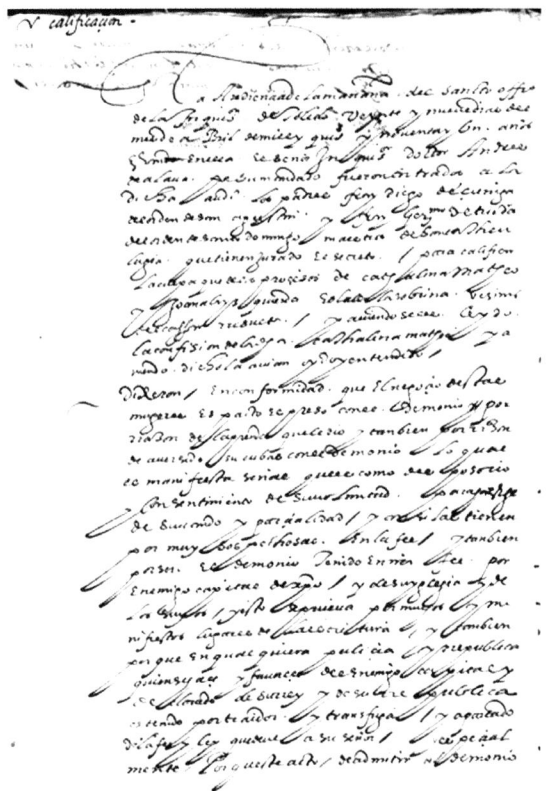

Proceso de fe de Catalina Mateo, Juana Izquierda y Olalla Sobrina. Acusación a las tres de pacto expreso con el demonio. Archivo Histórico Nacional. Inquisición, 91. Exp. 1.

Después del consiguiente revuelo formado por la confesión de los infanticidios cometidos por Catalina, Juana y Olalla, finalmente se condenó a la primera a que fuera al auto público de la fe en forma de penitente con las insignias que pareciere a los señores inquisidores, que abjurara de *Leví* y que se le diesen doscientos azotes por las calles públicas de Toledo, siendo recluida en el lugar que decidiera el tribunal durante el tiempo que pareciere a los señores inquisidores, para que así fuera instruida en la fe católica. Una vez que Catalina se entera de la sentencia y entiende lo serio que era el asunto, cuenta al tribunal que era pobre y que había confesado contra sí misma por miedo, y que la levantaron la fama de bruja porque era pobre y vivía de limosna. Poco tiempo después, tanto Olalla como Juana también dijeron lo mismo, que las gentes decían que eran brujas y que no sabían ni lo que era aquello. A continuación, aparece en juego el promotor fiscal, quien dijo que las tres eran herejes, apóstatas y que eran brujas excomulgadas, perjuras y mujeres que tenían hecho pacto expreso con el demonio. Catalina se puso de rodillas pidiendo misericordia y afirmando que la habían obligado a que fuese bruja.

Se condenó a las tres a salir al auto de fe en forma de penitente con una vela de cera en las manos, y la dicha Catalina Mateo con una coroza en la cabeza y una soga a la garganta, y que allí se les leyese la sentencia y que abjuraran de *Leví*. Después de estos castigos, Catalina debía acudir otro día para que le diesen doscientos azotes por las calles públicas de Toledo. Aquel auto de fe tuvo lugar un domingo de la Santísima Trinidad, día 9 de junio de 1591. Terminado el auto de fe, las reas abjuraron de *Leví*. En este auto estuvieron presentes el rey Felipe II y sus hijos.

Es cierto que la brujería tampoco ha campado a sus anchas por la provincia de Toledo, ya que, por poner un ejemplo, en la zona de los Montes de Toledo no encontramos ningún caso de brujería y muy pocos de intervención de la Inquisición, debido posiblemente a lo inhóspito del terreno, a la distancia a la capital toledana y a la poca colaboración de los párrocos locales, como apuntan algunos autores (Blázquez, 1991:173). A diferencia de la hechicería, en la brujería se presupone que había pacto explícito con el diablo y así se confirma con algunos casos toledanos como los que venimos relatando. Una vez comenzado el siglo XVII vamos a notar un descenso en los casos sobre brujería en prácticamente todos los tribunales inquisitoriales, algo que se achaca a cambios sociales, religiosos y filosóficos (Crespo, 2011:125) y, sobre todo, al destierro de pensamientos y miedos que se arrastraban desde la Edad Media y que afortunadamente van quedando atrás.

Sobre el tema de la tortura en las cárceles de la Inquisición, es cierto que persiste un pensamiento cruel y despiadado sobre la forma de aplicarla a los reos inquisitoriales, pero como nos informa

Escudo de la Santa Inquisición, ubicado en el convento de San Pedro Mártir. Imagen: José García Cano.

la documentación, la tortura se controlaba por parte de los funcionaros del Santo Oficio y no todas las torturas eran aceptadas entre las paredes de las cárceles secretas, ya que en determinadas circunstancias las declaraciones extraídas por algunos de aquellos tormentos no eran aceptadas en el juicio, siendo además preceptivo que un médico estuviera presente para confirmar si el reo podía o no recibirlo. Igualmente, las embarazadas no era habitual que recibieran tormento y a los reos visiblemente enfermos también se les tenía en cuenta su enfermedad.

Un interesante caso en el que se aplicó tormento en las cárceles inquisitoriales toledanas a una persona enferma, fue el de una tal Mari Núñez, testigo en el proceso contra María Cazalla[24], a la cual se mandó atar de brazos y se la echó en la escalera del tormento; seguidamente se le dio unas vueltas de cordel a las piernas y se la instó a que dijese la verdad, contestando Mari Núñez que lo ya manifestado anteriormente era cierto y que había oído decir a María Cazalla que creía más en las palabras de Isabel de la Cruz que en las de San Pablo y los otros santos, y que por esto y otras cosas afirmaba que Cazalla era hereje. Considerando los inquisidores la ceguera y enfermedad de Mari Núñez, decidieron retirarla del tormento.

La figura de María Cazalla es también muy relevante, ya que tratándose de una mujer representa un ejemplo curioso de persona formada y culta en aquellos inicios del siglo XVI. Era hija de conversos y se casó con un burgués de Guadalajara, lugar donde María tuvo contactos con la familia de los Mendoza, también muy relaciona con la ciudad de Toledo, cerca de los cuales se podía encontrar tanto hombres como mujeres espirituales y donde pudo conocer a Isabel de la Cruz, polémica religiosa franciscana y beata guadalajareña que fundó el movimiento o secta del alumbradismo y que también tenía ascendencia judía.

El caso es que Cazalla fue considerada como una maestra espiritual y predicó habitualmente en Guadalajara y en Pastrana, siendo procesada por la Inquisición acusada de alumbrada, erasmista y luterana, delitos muy graves para los inquisidores. María sabía griego y podía leer la biblia en este idioma y practicaba habitualmente la lectura con textos clásicos y filosóficos; promulgaba el concepto de libertad surgido del amor a Dios, dejando a veces de lado la participación de los religiosos, algo que tampoco fue bien recibido por los inquisidores. Su sentencia fue leída en Toledo el 19 de diciembre de 1534.

---

[24] A.H.N., Inquisición 110, expediente 6.

Podemos afirmar que en el siglo XVII Toledo fue una ciudad repleta de hechiceras y curanderas que pretendían curar, ayudar a sus vecinos y a veces engañar con sus cartas, habas y embelecos a aquellos que, desesperados por la situación económica y social que les tocó vivir, se agarraban al clavo ardiendo de la hechicería y la adivinación, quizá pensando que no perdían nada en acudir a la magia para poder solucionar sus problemas, enfermedades o la situación precaria que la mayoría de ellos vivían.

Hablando de habas, recordamos el caso de Ana de la Cruz (procesada en 1635[25]) y mujer de Gaspar de los Reyes, residentes ambos en la toledana calle del Pozo Amargo. De ella podemos afirmar que fue una de las más famosas hechiceras de aquellos años en toda la ciudad y que especializada en «echar las habas», es decir, que Ana se echaba dos habas en la boca y recitaba lo siguiente: «Rociadas de la tierra fuisteis criadas con el rocío del cielo, rociadas de Apóstoles fuisteis conjuradas». Seguidamente se sacaba las habas de la boca y decía: «Hijitas mías, decidme la verdad, pues la decís mayor que el Evangelio». Era previsible que la Inquisición llamara a Ana y así lo hizo en dos ocasiones, la primera de ellas recibiendo un castigo de destierro durante tres años y la segunda con una acusación más grave ya que se vio envuelta en la muerte de don Andrés Fernández, vicario arzobispal que tuvo una relación con ella y de la cual nació una hija. Cuando murió don Andrés todos sospecharon de su barragana y por ello fue detenida, aunque finalmente se descubrió que el religioso había muerto por unas fiebres tercianas, y aunque Ana fue liberada, su marido se había marchado de Toledo dejando a sus hijas abandonadas y ella tuvo que vivir en la más triste de las pobrezas.

Terminando ya estas breves líneas dedicadas a aquellas mujeres (aunque algún brujo y hechicero también hubo), no podemos olvidar el tiempo y la sociedad en la que vivieron, muy condicionados aún por la época medieval y las creencias que durante siglos se transmitieron, en las que se veía a estas mujeres desde el te-

---

[25] A.H.N., Inquisición, 84, expediente 7.

mor, el miedo y también la compasión. No dejaron de ser madres, hermanas, hijas y personas que tenían que subsistir y adaptarse a aquellos tiempos, demostrando en una buena parte de los casos, su inteligencia y psicología, ya que, gracias a la incultura y la religiosidad del momento, ellas aportaban soluciones mágicas, medicinales y, a veces, sobrenaturales a los problemas que preocupaban a aquellos toledanos y toledanas de hace siglos.

4

UN PASEO POR EL TOLEDO DEL GRIAL

Pongamos las cosas en su sitio...

Hasta que un miembro de Rutas de Toledo no publicó su primer libro: *Toledo insólito: ensayo sobre lo mágico, oculto y misterioso*[26], y un tiempo después el artículo «Una curiosa relación: Toledo y el Santo Grial»[27], prácticamente nadie escribía sobre esta simbiosis, seguramente porque para el común de los mortales el cáliz de la Última Cena (que es a la vez la copa donde José de Arimatea recogió la sangre del crucificado tras la lanzada del soldado romano Longinos en el costado de Jesucristo), se encuentra en la catedral de Santa María de Valencia, y para los más escépticos bien pudiera ser el de León o cualquiera de los otros 200 griales que pugnan por ser el verdadero. Tan sólo algunas pocas referencias en obras de los geniales Juan García Atienza[28], Fernando Sánchez-Dragó[29] y Juan Eslava Galán[30] podían poner al lector tras la pista de esta sagrada reliquia. Créannos, nada más había escrito.

En aquel artículo que acabamos de citar Bausá afirmaba: «Lo que ahora se propone no es más que un puñado de reflexiones recreando la búsqueda del mito más importante de la historia de la humanidad».

---

[26] RODRÍGUEZ BAUSÁ, L.; *Toledo insólito: ensayo sobre lo mágico, oculto y misterioso*, Toledo, Bremen, 1993.

[27] Idem, «Una curiosa relación: Toledo y el Santo Grial», en *Toledo, tierras y pueblos*, nº 10, Toledo, 1999.

[28] GARCÍA ATIENZA, J.; *Guía de la España griálica*, Barcelona, Arín, 1988.

[29] GÁRGORIS Y HABIDIS, *op.cit.*

[30] ESLAVA GALÁN, J.; *El enigma de la mesa de Salomón*, Barcelona, Nartínez-Roca, 1988.

Y es que la búsqueda del grial, más allá del objeto concreto (que a veces no se contempla como una copa sino como una piedra, un plato...) es un arquetipo y la búsqueda de una espiritualidad interior que solo los justos y los puros podrán emprender. Por esta razón se dice en la obra *Parzival*: «Aún no he conocido a un hombre juicioso que no quisiera saber qué sentido profundo tiene esta historia».

Repare el lector que, aunque entre las sagas de relatos vinculados al grial, la más difundida y popular es la correspondiente al ciclo artúrico que popularizara Chrétien de Troyes con su obra medieval *Perceval o el cuento del grial*, existe otra media docena de textos que abordan esta misma cuestión de aventuras a la búsqueda de la reliquia. De entre los otros autores que se ocuparon de tan preciada joya, los que más éxito tuvieron fueron Robert de Boron y el que ahora nos interesa, el *Parzival* de Wolfram von Eschembag[31].

El texto escrito por este templario alemán (aunque esta cuestión no es segura al ciento por ciento) se publicó entre el año 1200 y el 1210 y está escrito en alemán. Se conservan más de ochenta manuscritos, y de ellos una veintena están completos, algo realmente sorprendente para una obra medieval de estas características.

Antonio Regales afirma:

El problema principal de las fuentes es que Wolfram se distancia expresamente de Chrétien, y cita en seis ocasiones a Kyot como fuente verdadera. Flegetanis, un investigador pagano habría escrito el manuscrito en árabe que Kiot habría hallado en Toledo.

Sobre este personaje Kyot Jaime Ferrero sostiene:

Los especialistas en Wolfram quizás sigan hablando del problema Kyot. Pero tal como está, está mal planteado. Está desplazado de su verdadero centro. El misterio de Kyot está

---

[31] Existe una edición muy cuidada a cargo de Antonio Regales en Biblioteca Medieval de ediciones Siruela del año 1989.

unido inseparablemente al misterio de Toledo, a su complejidad cultural y religiosa Kyot está unido a Toledo[32].

La posibilidad de que al menos una parte de la novela, concretamente la que trascurre en Toledo, era verídica, fue el argumento definitivo para que los jerarcas nazis (para quienes la música de Wagner y la posesión de determinados objetos de poder como la lanza del destino y el grial eran piezas fundamentales de su terrorífica visión del mundo) enviarán una delegación a España (primero al monasterio de Montserrat y posteriormente a Toledo) para recabar información que les condujera hasta el cáliz.

TOLEDO EN LA OBRA DE WOLFRAM

Para que no se nos acuse de fantasear con esta relación entre el grial y nuestra urbe, compilamos a continuación algunos de los párrafos donde aparece nuestra ciudad. Adjuntamos detrás de cada párrafo el número de página donde se recoge, eso sí, teniendo en cuenta que esos dígitos se corresponden con la edición que nosotros manejamos.

• *Vive Dios, don Kaylet, que sería una villanía por mi parte si os arrebatara Toledo y vuestro país en España porque así lo quiere el rey de Gascuña* (p. 42).
• *En aquel país, en España, conocía al rey. Era su primo Kaylet. Fue a visitarlo a Toledo* (p. 49).
• *Al héroe le habían forjado el escudo en Toledo* (p. 138).

De manera velada se intuye nuestra ciudad en frases como las que siguen:

• *Los filos se recomponen e incluso se endurecen, y los damasquinados no pierden su belleza.*

---

[32] FERREIRO ALEMPARTE, J.; «La escuela de nigromancia de Toledo», en *Anuario de Estudios Medievales*, n° 13, Madrid, 1980.

Filos de espadas que se endurecen, damasquinados..., ¿no les recuerda esto a dos de las artesanías más reputadas de Toledo: la fabricación de espadas y el damasquino?

UNA VISITA POR LOS ENCLAVES GRIÁLICOS TOLEDANOS

Se preguntaba Louis Charpentier[33]: «*Las novelas de Chrétien de Troyes, las de Gyot de Provinzal, las de Wolfram von Essembach, ¿acaso no serían sino guías de itinerarios?*».
Aprovechando esta posibilidad, les invitamos a que nos acompañen a realizar un paseo por el Toledo griálico.
Comencemos nuestra visita por la Escuela de Traductores, donde se tradujeron innumerables textos árabes. Ya se afirma en *Parzival*:

> *Kyot, el famoso maestro encontró en **Toledo** el texto originario de esta historia, escrito en árabe. Antes tuvo que aprender los signos mágicos sin estudiar el arte de la magia negra. Le ayudó su fe cristiana, pues si no, esta historia sería aún desconocida.*

Recordemos, eso sí, que la Escuela de Traductores no existió nunca hasta los tiempos actuales en que la Universidad de Castilla-La Mancha la creó. Existió otra cosa que distaba mucho de ser una escuela en el sentido medieval del término, y que todavía no se sabe dónde estaba el emplazamiento principal en el que amanuenses y traductores ejercían su labor, ya que lo normal es que se tradujera en cualquier *scriptoria* de cualquier monasterio, en cualquier mezquita o en cualquier sinagoga donde se hallara el texto que había que transcribir. Historiadores actuales señalan la ahora llamada Capilla de San Blas de la catedral y la explanada que había frente al museo de Santa Cruz como posibles enclaves primigenios de la supuesta Escuela.

---

[33] CHARPENTIER, L.; *El misterio de los templarios*, Barcelona, Bruguera, 1978.

Cuenta Ferreiro Alemparte[34]:

Dejando a un lado cuestión tan dilatada, lo cierto es que ese supuesto provenzal llamado Kyot está en Toledo, y que en Toledo y escrito en árabe, o en características arábigas, encuentra la historia.

Kyot y Flegetanis son los posibles únicos personajes toledanos que aparecen con nombre propio en la narración de Wolfram. Todos los autores que lo han estudiado coinciden en señalar que ese pagano llamado Flegetanis era un experto conocedor de la astronomía y las artes mágicas. Así pues, Toledo era el lugar ideal para que adquiriera y ejercitara esos conocimientos. De hecho, se cuenta en el relato:

Ningún saber pagano nos puede revelar la esencia del Grial, ni cómo se descubre su secreto. Un pagano llamado Flegetanis alcanzó gran fama por su saber. Este físico procedía de Salomón y era de la estirpe israelita.

Por tanto, Flegetanis era judío. Repare el lector que la judería de Toledo era la más importante de los reinos peninsulares y una de las más importantes de Europa, y que aquí se daban cita los principales estudiosos hebreos de la cábala o la gematría.

Nuestra siguiente parada es el **castillo de San Servando**. Dice en *Parzival*:

El castillo y la ciudad estaban frente a él. Nadie podía tener mejor vivienda. Ante él se levantaba en todo su esplendor la corona de todos los castillos.

El nombre Parzival, según todos los autores, significa «el que atraviesa el valle», que como todos los toledanos saben es el genérco nombre que se da a las formaciones rocosas que circunva-

---

[34] ALEMPARTE FERREIRO, J., *op.cit.*

lan Toledo, también al cerro donde se ubica la fortaleza. Pero hay más: «*Un río navegable discurría delante de ella y pasaba por debajo de un gran puente de piedra…*».

Lo cierto es que debajo del castillo, a escasos metros deambula el **Tajo**, y el acceso principal a la orilla donde se encuentra la fortaleza se hace a través del **puente de Alcántara**. Tanto el puente como el castillo existían en el momento en que se ubica la narración.

Continuemos. Nuestro castillo perteneció al Temple desde la donación del mismo por Alfonso VIII, atención a la frase siguiente: «*Sé bien que viven muchos valientes caballeros en Munsalwäsche junto al Grial*».

Aquí radica uno de los errores de la jerarquía nazi al identificar ese nombre Munsalwäche con Monserrat, siendo esta la razón de que se desplazaran hasta el monasterio catalán. Pues bien, el monte y los terrenos sobre los que se asienta el castillo, (y que posteriormente dieron lugar a una comarca toledana que limita con las de los montes de Toledo y La Mancha) se llama desde la Edad Media: La Sisla. ¿Dónde queremos llegar? Ahora lo verán.

Munsalwäsche significa «el monte de la selva», y la palabra selva en la Edad Media y en textos medievales se decía y escribía Sisla. Es más, si indagan en la red, comprobarán como esta palabra es un topónimo derivado del latín «silva» que es «bosque». Así pues, la zona donde se asienta el castillo de los freires templarios guarda el topónimo exacto del texto alemán.

Recordemos también que en *Parzival* son templarios quienes custodian el grial, que no es una copa sino una piedra:

Os diré de qué viven, se alimentan de una piedra, cuya esencia es totalmente pura. Si no la conocéis, os diré su nombre: se llama lapis exillis.

Esta piedra se llama también el Grial. Hoy baja sobre él un mensaje sobre el que descansan sus poderes sobrenaturales. Hoy es Viernes Santo y se verá cómo desciende sobre el cielo una paloma y deposita sobre la una pequeña y blanca hostia. La paloma que resplandece en su blancura retorna *después al cielo. Como os digo, todos los Viernes Santos la deposita sobre la piedra, con lo que le proporciona todo lo que en la tierra posee un buen aroma, comidas y bebidas.*

Nuestra siguiente parada y fonda es la **iglesia de San Miguel**, templo que perteneció al Temple[35] sin ninguna duda, tal y como atestiguan numerosos documentos y restos arqueológicos, como el escudo de la orden que se encuentra en una de las pechinas del crucero y a la espalda de la iglesia.

Parro[36] fue uno de los primeros en señalar la pertenencia a la orden de la iglesia:

Es opinión bastante general que esta iglesia sirvió algún tiempo para los templarios, pues mientras estos caballeros tuvieron el monasterio y el castillo de San Servando establecieron su casa hospedería dentro de la ciudad.

No deje el lector, si se ha acercado hasta esta iglesia, de admirar la pila bautismal negra que se encuentra en la capilla del baptisterio apoyada en un octógono de losetas también negras.

Nuestro último tranco nos lleva muy cerca de donde acabamos de estar. En la plaza del Seco se encuentra la llamada **Casa de los Templarios**. En realidad, se trata de un palacete musulmán del siglo X, muy restaurado en el XIII y del que sólo se conserva una cuarta parte que se corresponde a los salones reales. En su interior podremos ver unas yeserías excepcionales, vigas con inscripciones en cúfico y las armas del rey Alfonso VIII que debió donársela a los freires a la vez que el castillo, convirtiendo la hospedería en una casa de realengo.

Con todo, lo más interesante era una alacena mudéjar que fue vendida a un museo inglés y que contenía documentación de la orden del reino de Toledo. Una lástima que aquellos documentos nunca fueran devueltos.

---

[35] RODRIGUEZ BAUSÁ, L.; *Templarios en Toledo*, Toledo, Covarrubias, 2009.
[36] PARRO, S.R.; *Toledo en la mano*, Toledo, Diputación Provincial, 1980.

Crónicas del misterio

Quién sabe si en algunas ocasiones los caballeros ofrecieron el sacrificio de la Eucaristía en este templo que acabamos de dejar atrás y rezaron frente a la santa copa en su casa hospedería.

Demos por finalizado nuestro paseo por estos enclaves del Temple y el grial, que habrá futuras ocasiones de profundizar en ellos.

5
LA CUEVA DE HÉRCULES, LA CUEVA DE SAN GIL Y EL MARQUÉS DE VILLENA

En la *Guía mágica de Toledo y su provincia*[37], sus autores comenzaban el capítulo cuarto (titulado «Viaje al centro de Toledo: cuevas, momias y criptas») con la siguiente reflexión:

> *En cualquier tiempo y casi en cualquier cultura, las cuevas han estado siempre asociadas a lugares mágicos y misteriosos, e íntimamente ligadas a prácticas religiosas, búsqueda de respuestas e invocaciones de toda naturaleza.*
> *El mundo que reina bajo nuestros pies ha estado unido a todo tipo de creencias, supersticiones y religiones.*

Lo que proponemos ahora es un repaso a alguna de los subterráneos más importantes de la ciudad, siendo conscientes de que el tema es mucho más amplio y que escapa a las pretensiones de este pequeño gran libro. Como siempre, la bibliografía adjunta a pie de página ayudará a quienes deseen conocer más sobre estas cuestiones.

Comencemos...

LA CUEVA DE HÉRCUES

Desde que Ramón Menéndez Pidal publicara sus tres tomos titulados *Floresta de leyendas heroicas españolas*[38], poco nuevo

---

[37] RODRÍGUEZ BAUSÁ, L. y MATEO ÁLVAREZ DE TOLEDO, J.; *Guía mágica de Toledo y su provincia*, Toledo, Covarrubias, 2010.
[38] MENÉNDEZ PIDAL, R.; *Floresta de leyendas heroicas españolas*, Madrid, Gredos, 1926.

se ha escrito sobre este emplazamiento, salvo algún artículo potente desde el punto de vista histórico o arqueológico de Vasilis Tsiolis[39], Rafael del Cerro Malagón[40], Julio Porres[41] o José Antonio García-Diego[42], amén de varios capítulos suelto en libros y revistas de menor interés.

Afirmaba Atienza[43]:

> *Subir al monte o descender a la sima ha constituido desde la más remota noche del tiempo la manera idónea de escapar de lo cotidiano —lo plano, lo que se encuentra a nuestro mismo nivel— e integrarse en lo numinoso, en lo que está por debajo o por encima de los niveles ordinarios de conciencia.*

Según los estudiosos de lo simbólico, las cuevas y las cavernas durante la Edad Media representaban al corazón humano como centro espiritual y, a la vez, las grutas eran lugares donde algunas divinidades poco santas tenían sus moradas. También durante este periodo cronológico las cuevas eran los espacios ideales para practicar ritos iniciáticos que no podían ser contemplados más que por un grupo reducido de adeptos, y de igual manera se utilizaron para la práctica de las enseñanzas mágicas y brujeriles. Escapar de la cueva era resucitar a la luz como un ser nuevo que había adquirido conocimientos mágicos. En definitiva, la cueva era el lugar al que se acudía para aprender conocimientos prohibidos.

---

[39] TSIOLIS, V.; «La cisterna de la cueva de Hércules y su evolución», en *El agua en Toledo y su entorno*, Cuenca, Ediciones de la Universidad de Castilla-La Mancha, 2018.

[40] DEL CERRO MALAGÓN, R.; «Las cuevas de San Ginés, alejamiento de un mito y aproximación a una realidad», en Toledo, *Toledo mágico y heterodoxo*, Caja de Ahorros de Toledo, 1988.

[41] PORRES MARTÍN-CLETO, J.; «Comentarios al artículo 'La cueva de Hércules' de José Antonio García-Diego, publicado en el mes de octubre de 1974», en *Revista de Obras Públicas*, mayo, 1975.

[42] GARCÍA-DIEGO, J.A.; «La cueva de Hércules», en *Revista de Obras Públicas*, nº 3014, 1974.

[43] GARCÍA ATIENZA, J.; *Montes y simas sagrados de España*, Madrid, Edaf, 2000.

Y, por supuesto, en numerosas culturas, así como las cumbres de las montañas se asociaban a lugares celestiales, las cuevas se emparentaban con el infierno.

Las referencias más antiguas sobre este enclave parten de fuentes árabes y cristianas de los siglos XI y XII, mientras que la adjudicación con el emplazamiento por el que se la conoce actualmente en el callejón de San Ginés no se produciría hasta el siglo XVI, fundamentalmente a partir de la exploración realizada por petición del cardenal Juan Martínez Silíceo. Siglos antes se tenía la idea de que esta cueva estaba bajo alguna de las torres que construyeron los hijos del rey Rocas, que custodiaba un dragón que iba de uno a otro baluarte y que estaban situadas una donde hoy está la iglesia de San Román y la otra donde el Alcázar.

Pisa[44] afirmaba en relación a la iglesia de San Ginés:

Junto a ella, por algunas casas de vecindad hay entrada a una gran y antigua cueva que dicen ser hecha por Hércules. Esta misma cueva tiene otra entrada dentro de la misma iglesia.

Esta cueva —junto con la de Salamanca— pasa por ser la caverna más mágica de este país, y al fabuloso tesoro escondido en ella se atribuye ni más ni menos que la conquista árabe de la Península y lo que se dio en llamar la «pérdida de España», ya que sería la avaricia del último rey visigodo —el rey don Rodrigo— y la entrada en este recinto sagrado lo que provocaría la invasión musulmana.

Eloy Benito en su artículo «A Toledo los diablos[45]» sostiene:

La fama de un Toledo medieval asiento de cenáculos o «academias mágicas» está estrechamente vinculada en sus orígenes a las leyendas referentes a la cueva de Hércules.

---

[44] PISA, F.; *Descripción de la Imperial ciudad de Toledo*, Toledo, Pedro Rodríguez, 1605.
[45] «A Toledo los diablos» se publicó primero en la revista *Medievo Hispánico* en el año 1995 y posteriormente como una separata lo recuperaría la UCLM.

En realidad, según se recoge en el libro *Repertorio*[46], la leyenda que gira en torno a este espacio ha sido la más divulgada de cuantas se compilan sobre Toledo, habiéndose escrito y versionado más de cincuenta veces a lo largo de los siglos. Téngase en cuenta que en realidad este relato engarza varias leyendas a la vez que se han ido gestando con diferentes nombres que abarcan cuestiones como la traición de Rodrigo, la pérdida de España, la enseñanza de la magia o la existencia de un palacio encantado o casa de los Cerrojos.

En relación a la cueva, Javier Ruiz[47] dice así:

Cuenta la tradición que Hércules Tebano, es decir, el dios Horus de los egipcios convertido en divinidad por los romanos, bajo este nombre llegó a España persiguiendo a Seth, el asesino de su padre Osiris. Y aquí logró vencerle. Dispuso entonces de algún tiempo y lo empleó en labrar en Toledo una casa subterránea donde enseñar magia a los hombres. Ésta es según ciertos autores del siglo XVII la razón de la extraordinaria fama que Toledo tiene en la Edad Media como centro universal de la magia.

De hecho, cuando los árabes llegan a Toledo, la encuentran ya convertida en capital del estado godo, reunidos allí todos sus tesoros. Entre éstos está la mesa del rey Salomón y 'una habitación en la que podrían alancearse caballos, llena de polvos mágicos que podrían convertir la plata en oro, o sea, llena de piedra filosofal.

Esto nos lo dicen Las mil y una noches, *pero los cronistas árabes no son menos fantásticos: junto a enormes tesoros, la Mesa de Salomón es hallada en Toledo. De la Mesa es necesario que digamos aquí que su leyenda coincide en parte con la del Santo Grial. Se trata de un objeto santo que los*

---

[46] Se trata de una guía definitiva de leyendas y tradiciones que verá la luz en breve en esta misma editorial.
[47] RUIZ, J.; *Tradición heterodoxa y ocultismo en Castilla-La Mancha*, Toledo, Almud, 1983.

romanos robaron del templo de Jerusalén y que Alarico robó de Roma y trajo hasta Toledo. *Según algunos autores se trata de la Menorah o el candelabro de los siete brazos de los judíos dado la vuelta, y apoyados sus brazos en el suelo lo encontramos convertida en mesa.*

Se pueden resumir las leyendas sobre la cueva, la casa y el palacio encantado de esta manera:

Mientras gobernaba el rey Túbal en la península, llegó hasta Toledo el semidios Hércules buscando un lugar donde enseñar la alta magia. Encontró una espléndida cueva que él amplió y acomodó para tal fin, introduciéndose en ella con un reducido grupo de adeptos.

Cuando volvieron a salir a la luz después de las enseñanzas ya se habían asentado en la ciudad los monarcas visigodos. Por eso, Hércules construyó una torre cilíndrica que se soportaba encima de cuatro grandes leones de bronce y que servía para indicar el lugar exacto de entrada de la cueva, y encaminándose al palacio del monarca le avisó que no osara nadie adentrase en el interior de ese «nefando gimnasio» porque era tal la cantidad de magia y sortilegios que impregnaban su interior que cualquiera que se introdujera por sus túneles moriría irremisiblemente.

Todos los reyes que accedían al trono cumplieron la orden de Hércules, y no solo eso, sino que cada uno fue añadiendo un candado en la puerta (de ahí el nombre de la casa de los cerrojos o el palacio encerrojado) *para aumentar la inviolabilidad del recinto… Así fue durante mucho tiempo hasta que llegó al trono el rey don Rodrigo, quien, acuciado por los graves problemas que tenía con su nobleza, pensó que quizás ahí estuviera escondido el tesoro que sus antepasados robaron en Roma y que contenía además del cáliz de la última cena y la Mesa de Salomón multitud de joyas de plata, oro y piedras preciosas. Ese tesoro le permitiría sobornar a los nobles díscolos y reafirmar su autoridad.*

Desoyendo a sus consejeros y a la tradición se adentró en la cueva con un reducido número de leales. Caminó durante horas por el subsuelo de la ciudad, y cuando estaba a punto de desesperar, llegaron a una sala circular en cuyo centro se situaba un altar y un cofre encima. El rey, ansioso, rompió el talismán que servía de cerradura y protegía el pequeño arcón con la idea de que en su interior hallaría joyas, oro, plata..., pero no se topó con nada de eso, sino con un simple pergamino en el que había un dibujo de una batalla en la que un ejército cristiano se enfrentaba a otra hueste desconocida.

Aquellos extraños adversarios eran diferentes. Estaban pintadas sus manos y cara con colores oscuros. Sobre su cabeza no había cascos sino pañuelos y sus espadas no eran en forma de cruz sino curvadas... Eran árabes.

El rey quedó asustado cuando justo debajo del dibujo se podía leer una frase que afirmaba:

—¡Maldito seas, oh, rey! Cuando violes este recinto, los aquí pintados invadirán tu reino para siempre.

Al instante, el techo de la caverna empezó a desmoronarse matando a algunos de los nobles que se habían adentrado junto al monarca, quien, con los pocos que sobrevivían, trataban de huir de la cueva a toda prisa.

Ya en el exterior, y mientras trataban de sobreponerse al miedo, todos los presentes vieron en el cielo un ave negra gigantesca que portaba un enorme tizón encendido en el pico que arrojó contra la torre destruyéndola totalmente, pero la cueva permaneció intacta.

Estos sucesos acontecían en el año 711, justo el año en el que tropas árabes y bereberes del norte de África invadieron la Península provocando lo que dio en llamar la pérdida de España.

Así pues, querido lector, si hemos de hacer caso a lo que dice el relato, fue la codicia de Rodrigo la causante de la invasión de estas tierras.

Siglos después, sobre esta cisterna romana —pues leyendas aparte tal cosa es la cueva de Hércules— se construyó posiblemente un templo que se transformó en mezquita posteriormente, y tras la dominación cristiana en la iglesia de San Ginés.

Afirma Jean Passini[48]:

> *Los historiadores admiten que la iglesia de San Ginés era conocida en la época visigoda y que acogió una mezquita bajo la ocupación musulmana hasta finales del siglo XI. De estas dos épocas no tenemos ningún documento. La primera mención escrita de la iglesia de San Ginés que tenemos se registra en un documento de la segunda mitad del siglo XII.*

Terminamos añadiendo una buena noticia, cual es que esta cueva de Hércules fue declarada Bien de Interés Cultural con categoría de monumento por la Junta de Comunidades de Castilla-La Mancha, a través de la Resolución de 2 de febrero de 2007 de la Dirección General de Patrimonio y Museos.

En esa resolución se dice:

> *Se denomina Cueva de Hércules a unos espacios subterráneos abovedados de época romana que se localizan fundamentalmente entre el número 2 y el número 3 del callejón de San Ginés, bajo un inmueble que ocupa el solar de la que fue iglesia de San Ginés.*

Ha estado ahí cerca de dos mil años. Confiemos en que permanezca intacta al menos otros tantos para disfrute de la gente.

---

[48] PASSINI, J.; «La antigua iglesia de San Ginés de Toledo», en *Tulaytula*, n°10, Toledo, 2002.

LA CUEVA DE SAN GIL

Sobre este emplazamiento, Juan Moraleda y Esteban publicó una leyenda[49] que Álvarez de Toledo y Rodríguez Bausá versionarían tiempo después en su *Vuelta a Toledo en 80 leyendas*.

Comencemos diciendo que se desconoce la ubicación exacta de este hipogeo, pero que todo parece hacerlo coincidir con los subterráneos de la actual Casa del Greco.

La primera vez que se habla de este enclave es el lejano año de 1587 en la obra de fray Hernando del Castillo que lleva por título *Primera parte de la Historia General de Santo Domingo y su orden de predicadores*[50], y no deja de ser notable que ya en aquel lejano siglo XVI se asociara este antro subterráneo con la enseñanza de la magia.

Poco tiempo después, el poeta y dramaturgo Antonio Mira de Amescua trasladaría al teatro, bajo el título de *El esclavo del demonio*, esta comedia en el año 1605, a partir de la que él dice es una leyenda portuguesa en la que el fraile Gil o Egidio firmó un pacto con el demonio para conocer los secretos de la magia. Como vemos, el relato guarda mucha semejanza con la obra *Fausto*.

Como nos parece de sumo interés, recogemos la leyenda tal y como la escribiera Moraleda en *El practicante toledano* para que veamos además la vinculación con la cueva de San Gil. Hemos mantenido el relato con la ortografía y las palabras originales que, a veces, están escritas en portugués:

---

[49] MORALEDA Y ESTEBAN, J.; «La cueva de San Gil»,en *Toledo, Revista Ilustrada de Arte*, año 1, nº 13, 1915. Y también la publicó este mismo autor en la revista *El practicante toledano*, en su número 77, correspondiente también al año 1915.

[50] Se publica en Valencia por la imprenta de Pedro Patricio Mey. Existen algunas versiones digitales de descarga gratuita.

I

Existió en la Edad Media en Toledo predilección por una ciencia extraña y entonces mal conocida e interpretada: dábasela el título de Nigromancia o Negra Facultad, y su estudio o templo llamábanle Escuela del Diablo.

En sus secretos se iniciaron gran número de varones nobles venidos a la ciudad de San Ildefonso con este fin para sorprender luego a los desconocedores de este arte-ciencia —que no era sino la química rudimentaria— con preparaciones, brebajes, reacciones, mezclas, etc, que cautivaban la atención y hacían atribuir a los que la poseían pactos con Luzbel mediante ribetes de incredulidad, y algo más que ribetes en más de una ocasión.

Tentado un religioso portugués llamado Egidio Gil, nacido en Boncela (Coimbra) del deseo de aprender esta ciencia, y ansiando venir a Toledo a realizar su propósito, hizo un extraño pacto con Satanás acuciado por él con insistencia en la forma que transcribe a continuación.

II

—Y si queréis yo os haré tener buena amistad que yré con vos hasta poneros en Toledo donde se enseña. Recibió el mozo este ofrecimiento con mucho gusto, y apenas lo creya de placer como quien vía una aventura grande y a desora cuando menos lo esperaba so desearla en extremo. Tomaron luego el camino los dos, no San Rafael y Tobías sino Satanás, demonio antiguo, y este otro hijo nuevo suyo Egidio, no a cobrar dinero ni mujer santa sino a negar a Dios y hacerlo de hombre demonio. Cuando llegaron cerca de Toledo, hallaron ciertos ministros del infierno que los estaban aguardando, y aunque en forma de hombres no lo eran todos. Éranlo algunos, y algunos eran demonios, los cuales les agasajaron y recibieron con muy alegre rostro y muchas demostraciones de amistad y hermandad. Y después los llevaron con mucho *secreto a una cueva donde se leya y enseñaba la negra facultad. Y entrando allá les descubrieron las leyes y condiciones que les convenía guardar antes de ser admitidos por discípulos de aquellos grandes secretos. Lo primero que del todo se apartasen de la fe y la ley de Dios y se entregasen al señorío y voluntad del Diablo, porque él era el mejor en aquella scientia, y lo segundo que avyan de renegar de la fe y del bautismo, y lo tercero que hiciesen una carta de vasallaje al Demonio, escrita con su propia sangre.*

De este modo nos relata el hecho de la venida a Toledo del religioso Egidio la Primera parte de la Historia General de Santo Domingo y su orden de Predicadores, escrita por el reverendo padre fray Hernando del Castillo, del mismo orden, Valencia 1587, en su folio 557 y siguiente.

III

Fray Egidio —o Gil— habitaba en un convento en Santarén cuando Lucifer lo trasladó a Toledo prometiéndole una gran fortuna si él se comprometía a dar su alma.

Cuando hubo aprendido en la Escuela Toledana de Nigromancia, rompió el pacto hecho con su despiadado protector, volvióse a Santarén y en el mismo convento falleció en el día de la Ascensión del Señor de 1265, después de practicar en él todas las virtudes cristianas haciendo gran número de milagros antes y después de su muerte y adquiriendo el dictado de Santo.

La Cueva de San Gil era la hoy de medrosas e inmensas bóvedas subterráneas del señorial palacio de los marqueses de Villena, sitas en la plaza del Tránsito —hoy paseo del Greco— y próximas al templo-sinagoga del mismo título, y a la casa de Samuel Leví, en nuestros días llamada del Greco; casa recientemente restaurada y mejorada por el excelentísimo señor marqués de la Vega-Inclán.

Las antedichas bóvedas sucedieron a otras de tiempos anteriores (propiedad de opulentos israelitas).

La tradición toledana está conforme con lo narrado por la *Historia* del Padre Castillo.

Ya que todo eso acontecía en las casas del marqués de Villena, bueno será dedicar unas pinceladas sobre este personaje que pasa por ser el más afamado y gran mago, hechicero, alquimista, astrónomo y nigromante de su tiempo: Enrique de Villena.

De su biografía oficial podemos inferir que llegó a ser nombrado maestre de Calatrava en el convento de Santa Fe, cargo que mantendría durante una década, a pesar de no reunir ninguno de los requisitos para el cargo, puesto que no era miembro de la orden y estaba casado con doña María de Albornoz, matrimonio, por cierto, auspiciado por el rey Enrique II.

Destacable es también su labor como escritor, siendo el primer traductor al castellano de la *Divina Comedia*, lo que le reportó la justa fama de gran literato y hombre inmensamente culto.

Lo cierto es que Enrique de Aragón nunca llegó a ostentar el título de marqués por el que ha pasado a la historia y, sin embargo, se le reconoce inmediatamente por el de gran ocultista, básicamente a partir de la recurrente historia contada entre otros por Cervantes, Alarcón o Quevedo de que perdió su sombra haciéndose invisible para poder escapar del Maligno, y eso fue posible gracias a los secretos infernales que el diablo le enseñó en otra cueva famosísima: la de Salamanca[51].

De él se cuenta que fue capaz de resucitar gracias a un elixir mágico que había fabricado en su laboratorio alquímico sito en el último de los sótanos de la cueva que acabamos de recordar. Para ello, obligó a un criado suyo a que cuando muriese lo descuartizara y lo introdujera en una enorme redoma donde se encontraba el milagroso líquido que lo devolvió a la vida.

También se contaba que gracias a sus conocimientos de las artes mágicas podía convertirse en animales, preferiblemente gatos, murciélagos, lechuzas o perros, y que en tal estado le da-

---

[51] Véase sobre este particular la obra de Raúl Andrés Pérez, *La cueva de Hércules y la magia del Marqués de Villena*, Madrid, Atlantis, 2013.

ba por pasearse por los conventos de la ciudad para terror de las monjas de la comunidad, teniendo especial predilección por el de «las Gaitanas», convento éste que fue mandado exorcizar después de una de las visitas del supuesto marqués.

6
LA MÁGICA CUEVA
DE LA CASA DEL DUENDE

Aún me viene a la mente aquella tarde de noviembre de 2011, cuando el sol ya estaba casi desapareciendo, en la calle de San Miguel. Cruzamos la puerta del número 8, entre unas columnas estrechas adosadas al muro, talladas en piedra con unos pequeños candiles como adorno, y entramos en un zaguán lleno de cerámica y adornos que los dueños habían ido acumulando con los años. Iba con David y Fran, los tres cargados de cámaras, trípodes y focos, preparados para iluminar la gran cueva que sabíamos se ocultaba bajo esa casa.

Volvamos un poco atrás. Desde finales de los noventa, en las numerosas y diarias visitas guiadas que nuestro compañero Luis Rodríguez Bausá hacía, y desde 2012 en *Rutas de Toledo* hacemos, cada noche visitábamos un curioso, lúgubre y pintoresco subterráneo ubicado en el número ocho de la calle de San Miguel. Era una sensación distinta entrar a ese patio en la penumbra, pasar por la pequeña puerta (¡cuidado con la cabeza!) que daba acceso a otro mundo, húmedo y frío, de paredes y techos picados a mano en el duro gneis, de suelo de tierra apisonado, con paredes de forma trapezoidal y aspecto de galerías laberínticas y sin lógica alguna que finalizan de forma abrupta y cegadas para evitar su continuidad bajo las casas del vecindario.

¿Cuál es el origen esta curiosa cueva toledana?

Buscando información en prensa histórica (Castaños Montijano, 1920[52]), sabemos que era propiedad de don Miguel Vázquez, adquirida por herencia de su padre, el cual la compró a otro que la había conseguido como «procedente de bienes nacionales», estando entonces habitada por la familia del obrero don Luis García Conde, que la dedicó a bodega, de ahí que se ubican enormes tinajas «de 100 arrobas», conocidas en la época como «bodegas de Vázquez».

Posteriormente, hacia los años 40 del pasado siglo, el ceramista Quismondo adquirió la propiedad y redescubrió la cueva, como os contaremos más adelante.

Finalmente, y hasta la fecha, Salvador Márquez compra a los herederos de Quismondo la casa, y actualmente es propiedad de los herederos de Salvador.

Pero volvamos a comienzos del siglo XX. Llamando el interés del investigador Juan Moraleda, éste imaginó que las cuevas bajo la Casa del Duende pudieron haber sido catacumbas de cristianos primitivos. Aunque en investigaciones posteriores no se llegó a

---

[52] CASTAÑOS MONTIJANO, M.; «Subterráneo misterioso», en *Arte e Historia*, n° 51, pp. 116-7, Toledo, 1920.

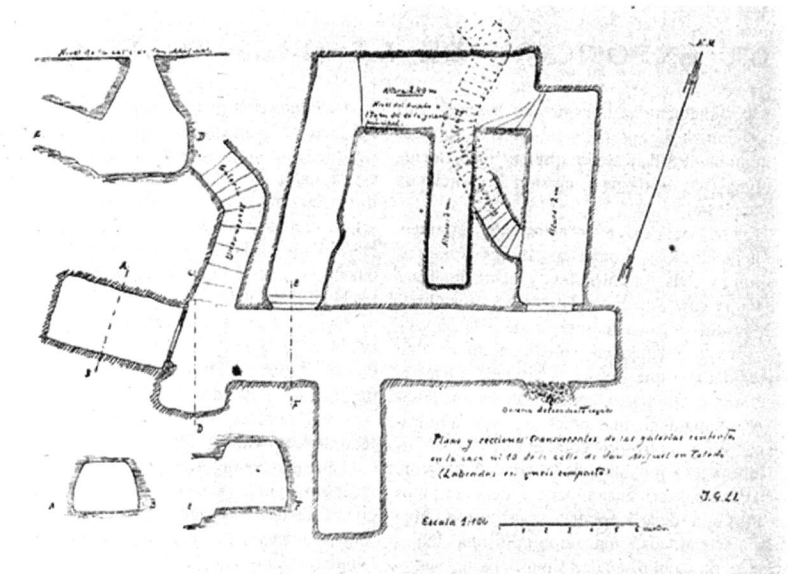

FIG. 1: Plano de la cueva del Duende, 1920 (Castaños Montijano, 1920).

ninguna conclusión sobre su origen real, se dibujó uno de los primeros planos:

La principal galería se orienta de Este a Oeste, con una altura de unos tres metros, al igual que su anchura. Al Sur parte otra galería y dos al Norte, ambas con escalones de bajada y una altura de dos metros. En el centro de la última hay otra más estrecha de dos metros de altura.

Cuenta Montijano que la actual entrada fue escalonada en aquellos años, dando paso a una «especie de crucero» con bóveda cónica truncada, que pudo ser la primitiva entrada.

No encontramos en la cueva desagüe alguno, por lo que se descarta que fuera cloaca, tampoco mina o cantera, y en el artículo el autor especula con la posibilidad de que se tratara de un templo subterráneo o fuera ocupada por primitivos cristianos, aunque no haya rastro alguno de sepulcros o nichos. Pudo ser también cárcel musulmana, pero no hay nada seguro.

El escritor toledano Alejandro Vega (Vega, 2012[53]) en un par de artículos dedicados en su web a esta misteriosa cueva que nos ocupa, afirma:

> *Me imaginé dicha cueva usada por los templarios (pues estos se asentaban en lugares telúricos muy especiales), gruta donde ellos tendrían sus encuentros secretos, tanto con cabalistas hebreos como con alquimistas árabes.*

Por su parte, dice Juan Blázquez Miguel[54] sobre esta cueva (Blázquez Miguel, 1988):

> *En este antro la fantasía puede desbordarse, la imaginación perderse, la sensibilidad agobiarse y la ciencia sentirse impotente para conocer su verdadero significado.*

Como hemos dicho más arriba, es bien sabido que en esa casa tenía su taller el ceramista Vicente Quismondo, que acumuló durante años numerosas piezas de su obra en estanterías y cajas ubicadas en la cueva, de tal forma que hacia el año 2000 había apiladas y en cajones y estanterías cientos y cientos de tazas, platos, ceniceros y otros elementos sin cocer almacenados, que la gente se iba llevando secretamente según visitaba la cueva. En los últimos años eran bien escasas las piezas que iban quedando. Si has tenido la oportunidad de leer el primer número de esta colección, *Fantasmas de Toledo*, sabrás que esto no era buena idea...

Una de las entradas —o salidas— de la cueva se encuentra tapiada y curiosamente el ceramista Quismondo advirtió a sus familiares que «no abrieran ese acceso por nada del mundo». Así lo recoge Alejandro Vega en su blog.

---

[53] VEGA, A.; *Toledo escondido*, vid. en https://toledo-escondido.com/dibujos-con-mucha-historia/calle-e-iglesia-de-san-miguel-el-alto-cueva-de-la-casa-del-duende-y-barrio-de-los-templarios/, 2012.
[54] BLÁZQUEZ, J.; «Un paseo por el Toledo heterodoxo», en *Toledo mágico y heterodoxo*, pp. 104-5, Toledo, 1988.

Allí también se reunieron durante el siglo XX ciertos eruditos toledanos como Guerrero Malagón, que según Vega pudo pintar la cara de su hija en una de las tinajas.

Guerrero Malagón era gran amigo de Quismondo, y la pandilla «Los Candiles» a la que los dos pertenecían inferimos que Quismondo debió de haber establecido su propio taller hacia 1946; sabiendo que a partir de 1948 pasarán a hacerlo [i.e. reunirse] en las cuevas de Quismondo, las cuevas que el ceramista Vicente Quismondo redescubre en la casa que se acaba de comprar en el barrio de San Miguel el Alto (Sánchez, 2009)[55].

La casa y la cueva terminó en propiedad de Salvador Márquez (recientemente fallecido) en 1987 (Lach, 2018), que también fue ceramista, bajo el apodo de «Zapete» —curiosamente desde

---

[55] SÁNCHEZ, M.; «Guerrero Malagón: Un pintor bajo el signo de Toledo», Toledo, 2009. Víd. también LACH, K.; «El renacer de la cerámica toledana en el siglo XX, Bab Marenberg, 2018.

que compra la casa comienza su producción, decorándola con numerosas cerámicas realizadas por él mismo— y de su esposa Teresa, que amablemente nos estuvo facilitando el acceso a las vistas guiadas hasta mediados de 2017. En la actualidad, al momento de redactar estas líneas, ya no permiten la visita pública de la cueva.

Como dato curioso, son varias las cerámicas creadas por Salvador «Zapete», similares a los dibujos oscuros realizados por Guerrero Malagón, recreando los «duendes» que había en la cueva bajo la casa.

En suma, tras todo esto no hay rastro histórico, arqueológico o documental que aporte claridad a la procedencia de la cueva, ni se sabe su origen o uso primitivo, su extensión en el momento de su creación o el objetivo que tuvo la misma.

Lo que está claro es que aquí lleva cientos, tal vez muchos siglos, observando cómo paseamos por su interior.

Ahí abajo, cada noche, durante muchos años narrábamos los misterios, secretos y curiosidades de ese antro, acompañados siempre por decenas de curiosos turistas o viajeros que querían conocer ese otro Toledo, más oculto y disidente, alejado de los grandes monumentos y la historia más académica que todos conocemos.

¿Por qué es un lugar mágico?

Volvamos al principio de este capítulo. Era 2011 y tres curiosos nos disponíamos a bajar a la cueva de la Casa del Duende para hacer un reportaje para nuestro proyecto *Toledo Secreto*. No era la primera vez que visitábamos la cueva pero sí que lleváramos un equipo digital moderno y cargado de baterías para grabar todo lo que pudiéramos en el menor tiempo posible.

Al bajar la escalera y disponernos a grabar, teniendo ya parte del equipo preparado, nos dimos cuenta de que la batería principal de la cámara se había agotado repentinamente, del todo. Pensando que no estaría cargada, probamos baterías adicionales que Fran llevaba... Todas descargadas.

Es probable que ciertas condiciones magnéticas de la cueva puedan borrar de esa forma una batería, pero no es la primera vez que sucedía algo parecido: los móviles de las personas que visitaban el lugar se apagaban o se agotaba su batería repentinamente.

Sucedían muchas más cosas curiosas en este subterráneo. Durante los años que estuvimos bajando a hacer allí visitas, no eran pocas las personas que sentían auténtico pavor más allá de sentimientos racionales a estar allí debajo (cuando en ningún otro lugar habían tenido esa sensación), u otras que se denominaban como «sensitivas» que percibían presencias y sucesos extraños, ya que otra posibilidad es que fuera una cárcel en época antigua donde hubiera reos atados con argollas y torturados con profusión de sangre.

También esta curiosa cueva atraía otro tipo de eventos. Siempre recordaremos cuando un grupo numeroso de Neotemplarios nos contrató para hacer una visita guiada de esta temática por el barrio cercano a la cueva y a la famosa iglesia de San Miguel el Alto y también para celebrar un ritual, vestidos con capas templarias y espadas en la zona más profunda del sótano, pues según afirmaron era el lugar «más cargado».

Lo cierto es que esta cueva causa sensaciones extrañas, altera los sentidos y a muchos nos pone en guardia o nos hace ver o sentir algo que no percibimos en condiciones normales.

Pero tal vez lo más curioso que nos pudo pasar en la cueva es cuando dos parejas, en diferentes momentos, se pidieron matrimonio allí abajo, de rodillas y con anillo.

Curioso lugar.

La leyenda de la Casa del Duende

Como muchos lugares y rincones de Toledo, la cueva y esta misteriosa casa también tiene su propia leyenda, cuyo registro escrito data de 1892, por Juan Moraleda y Esteban (Moraleda y Esteban, 1892)[26]:

---

[56] MORALEDA Y ESTEBAN, J.; *Leyendas históricas de Toledo*, Toledo, Menor Hermanos, 1892.

Muy cerca del Alcázar, frente a la iglesia de San Miguel, en un barrio que en su momento fue hogar de los Templarios, se encuentra una casa antigua con una gran cueva en su interior. Los toledanos la conocemos como «La casa del Duende». A su entrada verás dos columnas. Si tienes la suerte de dar con las personas indicadas en Toledo, podrás descubrir los misterios que esconde.

Hace muchos años vivía en esta casa una bruja temida y odiada por todos sus vecinos. Casi nadie se atrevía a pasar cerca al caer la noche, convencidos de que el Diablo se aparecía en la casa para bailar con la bruja y sus seguidores, que acudían puntuales tras el repique de la medianoche.

Nunca se vio a la bruja salir de día. Nadie le llevaba agua (ningún azacán se atrevía), y jamás fue vista en ningún mercado. Los vecinos murmuraban su nombre mientras escuchaban, con miedo, los golpes y gritos que salían de lo profundo de la casa maldita. Todos estaban seguros de que algo terrible sucedía allí dentro, en su cueva.

Una noche oscura y fría, cerca de las dos de la madrugada,

justo cuando el último de los extraños visitantes se marchaba y los cerrojos se cerraban tras él, una enorme llamarada apareció de repente, envolviendo toda la casa en llamas. Nadie supo cómo sucedió.

Aterrados, los vecinos corrieron con cubos de agua, temiendo que el fuego se extendiera por el barrio. Sin embargo, sorprendidos, vieron cómo las llamas consumían solo la casa de la bruja, sin afectar a las viviendas cercanas. Desde el interior se escuchaban los gritos y maldiciones de la bruja mientras el fuego la devoraba rápidamente.

El incendio se apagó solo, sin que nadie interviniera, y en pocos minutos solo quedaron en pie la fachada y las dos columnas de la entrada. El interior fue completamente arrasado por las llamas. Sin embargo, los vecinos notaron un detalle nuevo: en las columnas aparecieron dos lámparas talladas, que aún hoy siguen ahí.

Con el tiempo, los vecinos tomaron posesión del terreno, ya que nadie lo reclamó. Al limpiar los restos, redescubrieron la entrada a la cueva que había bajo la casa del Duende y parte del barrio.

Tal fue la Casa del Duende.

7
CIEN PUNTOS DE ENCUENTRO CON LO MÁGICO

Iglesias, conventos, monasterios, casas particulares, cuevas, subterráneos, canecillos, modillones, monumentos, enigmas, misterios, cementerios, hospitalitos y un largo etcétera de enclaves conforman el universo y la identidad mágica de la ciudad. A lo largo de las páginas siguientes ofrecemos un centenar de puntos de encuentro que compilan aspectos insólitos para que el lector que lo desee tenga las principales referencias de la heterodoxia toledana.

1. **Alcázar.** Tras la guerra incivil y el desescombro posterior para la rehabilitación del edificio aparecieron numerosos restos momificados. Además, ha sido objeto de atención por parte de la prensa de multitud de casos relacionados con sucesos paranormales (véase el n° 1 de esta colección: *Fantasmas de Toledo*).

2. **Arroyo de la Degollada.** Leyenda y asesinato macabro.

3. **Barrio de la Antequeruela.** Feligresía de Faustino Chacón alias «el toledano incombustible».

4. **Bajada del Barco.** Calle dedicada a Maurice Barrés, quien fuera mano derecha de Claude Debussy, gran maestre del priorato de Sión[57].

5. **Barrio del Pozo amargo.** brujas y hechiceras.

6. **Barrio del Arrabal.** Cárceles penitenciales de la Inquisición

---

[57] Para saber más de este tema, leer «Maurice Barrès y el Priorato de Sion», en *Cuatro Calles*, n° 27, Toledo, Ledoria, 2023.

7. **Calle de la Sal**. Aparición en sus inmediaciones de un fantasma.

8. **Calle de la Tripería**. Casa de la hechicera Mencía Chacón.

9. **Calle de las Cadenas**. Era la entrada al cementerio parroquial de San Nicolás. En una casa de esta calle se han producido sucesos inexplicables que merecieron la atención del programa *Cuarto Milenio*.

10. **Calle de los Aljibes**. Aquí se centra, en un antiguo palacete, la leyenda vampírica de «La dama de los ojos sin brillo».

11. **Calle de San Cristóbal**. Lugar de residencia de dos hechiceras llamadas «las Claudias».

12. **Callejón de Cepeda**. Casa de los abuelos de Santa Teresa y lugar donde a veces se alojaba la santa cuando venía a Toledo.

13. **Callejón de los Muertos**. Toponimia extraña.

14. **Callejón del abogado**. pinturas de carácter mágico en una de las casas.

15. **Calle del Cristo de la Calavera**. En este lugar existió una figura de un Cristo anclado en un montículo de tierra en el que había una calavera. Esta imagen inspiró a Bécquer la leyenda de idéntico nombre.

16. **Callejón del Diablo**. Toponimia oculta y leyenda.

17. **Callejón del Infierno**. Toponimia oculta y leyenda.

18. **Callejón del Vicario**. En la prensa del siglo pasado se encuentran noticias de cierto fantasma que paseaba por estos lares.

19. **Capilla de San Blas de la catedral**. Posible localización de la primera sede de la Escuela de Traductores de Toledo, donde se tradujeron centenares de obras dedicadas a la magia, la astrología, la cábala y la alquimia.

20. **Casa de las Cadenas**. Leyenda.

21. **Casa de los Templarios**. Hospedería de los monjes guerreros situada en la plaza del Seco.

22. **Casa de mal de ojo**. Edificio sin identificar que estaba en el barrio de la Antequeruela.

23. **Casa del Diamantista**. Leyenda de aparición de duendes.

24. **Casa del duende.** Leyenda de brujería y acceso hipogeo de San Miguel.

25. **Casa profesa de los Jesuitas.** Última sede del tribunal del Santo Oficio de Toledo.

26. **Casona de la calle Núñez de Arce.** Este antiguo palacio de los siglos XV y XVI fue objeto de un programa en *Cuarto Milenio* por la presencia de un fantasma al que llaman Joshua.

27. **Castillo de San Servando.** Guarda el recuerdo de la presencia del Temple[58] y de tres leyendas extrañas: *La fantasma del castillo de San Servando, El fantasma del castillo de San Servando* y *La sombra del faquir*[59]. También aquí es donde la obra *Percival* ubica el lugar en que los templarios custodiaban el Santo Grial.

28. **Catedral.** Momias, marcas de canteros, reliquias, leyendas, prodigios, fiestas insólitas, necrópolis, apariciones marianas...

29. **Cerro de la horca.** En él estaba el «fonsario de los judíos».

30. **Cerro del Bú.** Primer asentamiento de la edad del Bronce de lo que luego sería la ciudad de Toledo. Existencia de una torre conocida como la «Torre del Diablo.

31. **Circo romano.** El espacio que ocupa esta construcción y las explanadas anexas eran el cementerio musulmán.

32. **Convento de las Agustinas Recoletas (vulgo Gaitanas).** Tienen el crucifijo de la Inquisición que presidía las sesiones del Santo Oficio en la ciudad.

33. **Conventos de las Benitas.** Algunas chicas residentes en el colegio mayor de este enclave tenían extraños sueños premonitorios. De este emplazamiento nos ocupamos en el libro primero de esta colección.

34. **Convento de la Concepción Francisca.** Tiene unas espectaculares tumbas de monjes y seis cuerpos momificados.

---

[58] RODRÍGUEZ BAUSÁ, L.; *Templarios en Toledo*, Toledo, Covarrubias, 2009.
[59] ALVÁREZ DE TOLEDO, J. y RODRÍGUEZ BAUSÁ, L.; *La vuelta a Toledo en 80 leyendas*, Toledo, Toletum revolutum, 2019.

35. Convento de las Comendadoras de Santiago. Custodian la momia de la venerable doña Sancha[60] y una copia de la Sábana Santa.

36. Convento de Jesús y María. Fotografía del siglo XIX en la que aparece una monja momificada asomada a una de las ventanas.

37. Convento de los Capuchinos. Se dieron multitud de fenómenos extraños como levitaciones de los monjes, éxtasis, arrobos, etc.

38. Convento de San Antonio. Aquí estaba como monja sor Tomasa de la Purificación, capaz de saber el paradero de vivos y muertos, y a la que le salían las llagas de San Francisco.

39. Convento de San Bartolomé. necrópolis y pinturas con dragones de la capilla

40. Convento de San Clemente. Alberga trece momias conocidas como las «Trece venerables». En el siglo XVII Constanza Carillo admiraba a todos con sus prodigios, como las levitaciones.

41. Convento de San José. Alberga la momia de sor María de Jesús.

42. Convento de San Marcos. Momias.

43. Convento de San Miguel de los Ángeles. Noviciado de la monja iluminada sor Francisca de la Santísima Trinidad, quien era capaz de levitar, escupir alfileres, entrar en éxtasis...

44. Convento de San Pablo. La espada con la que Nerón degolló a San Pablo.

45. Convento de Santa Ana. Aquí profesó su fe un tiempo sor Patrocinio, conocida como la «Monja de las llagas.

46. Convento de Santa Fe. También en él aparecieron abundantes momias de monjes franciscanos.

47. Convento de Santa Isabel. Cuerpos incorruptos e iconografía fantástica (*centauros*).

---

[60] RODRÍGUEZ BAUSÁ, L.; *Toledo de tinieblas: Momias, emparedadas y cementerios*, Toledo, Ledoria, 2024.

48. **Convento de Santo Domingo el Real**. Conserva la momia de Sancho de Castilla y Sandoval, infante de Castilla, hijo del rey Pedro I, más las de otro par de hermanas de la comunidad y una copia de la Sábana Santa.

49. **Cuesta del Cristo de la Luz**. También aquí hubo cárceles penitenciales de la Inquisición.

50. **Cueva de Hércules**. Ya nos ocupamos de ella en un capítulo anterior y a él remitimos al lector interesado.

51. **Cueva de San Gil**. Leyenda.

52. **Cueva de San Miguel**. Ya nos ocupamos de ella en un capítulo anterior y a él remitimos al lector interesado.

53. **Cueva del Estudiante**. En una de las laderas de las montañas que orillan el Tajo existió esta cueva (se ve desde una de las ventanas de la Biblioteca Regional), cuyos accesos se derrumbaron.

54. **Ermita de la Bastida**. Cueva-eremitorio de la beata Mariana de Jesús. Apariciones.

55. **Ermita de la Cruz**. Enmurada.

56. **San Pedro el Verde**. Enmurada

57. **Ermita del Cristo de la Luz**. Leyenda imposible.

58. **Ermita del Cristo de la Vega**. Leyenda inmortalizada por Zorrilla bajo el título «A buen juez, mejor testigo».

59. **Explanada del museo de Santa Cruz**. Algunos autores aseguran que en este emplazamiento se ubicó un observatorio astronómico en la época de Alfonso X.

60. **Fábrica de Armas**. También a este emplazamiento le dedicamos atención en nuestro libro *Fantasmas de Toledo*. Sobre todo en el edificio Sabatini se producen extraños fenómenos de carácter paranormal.

61. **Hospital de Diego Balsamo**. Institución asistencial para atender a pobres, donde estuvo recluida durante años haciendo labores de asistencia a los enfermos Ana María García alias «la Lobera».

62. **Hospital de Nuncio Nuevo**. Apariciones, presencias, sucesos inexplicables.

63. **Hospital de Tavera**. Cripta con extraños fenómenos acústicos. Es *vox populi* que por este lugar se aparece de vez en cuando Berruguete y otros espectros.

64. **Hospitalito del Rey**. Aparición de una cripta con numerosos huesos, entre los que quizá se encontraban los restos de San Tirso. También aquí se han recogido apariciones inexplicables.

65. **Iglesia de los Carmelitas**. Cruz de Palafox.

66. **Iglesia de San Andrés**: Contiene el mayor número de momias de toda España.

67. **Iglesia de San Cipriano**: En ella se encuentra la momia de Carlos Venera y Leyva.

68. **Iglesia de San Isidoro**. Desaparecida. Acudió el emperador Carlos V porque allí se curaban los sabañones.

69. **Iglesia de Santos Justo y Pastor**. Apareció en ella la pareidolia de un caballero (¿templario?) que hemos reproducido en un capítulo anterior. También es uno de sus esquinazos existió un cristo llamado el Cristo de las cuchilladas.

70. **Iglesia de San Miguel**. Presenta cruces templarias y en un patio exterior hay tumbas, alguna de las cuales pudo pertenecer a estos freires.

71. **Iglesia de San Román**. En una de sus criptas hay docena y media de momias. También estuvo (¿está?) enterrado el llamado «cura volador».

72. **Iglesia de San Vicente**. Tercera sede de la Inquisición en Toledo.

73. **Iglesia de Santas Justa y Rufina**. Junto a ella apareció un osario con más de treinta esqueletos.

74. **Iglesia de Santiago del Arrabal**. Virgen negra.

75. **Iglesia de Santo Tomé**. Virgen negra.

76. **Judería**. Cábala, herejía...

77. **Monasterio de las Jerónimas de San Pablo**. Hay al menos tres hermanas incorruptas: María García, Juana de la Encarnación y Magdalena de la Cruz.

78. **Monasterio de San Juan de los Reyes**. Iconografía fantástica y gárgolas insólitas en los claustros.

79. **Monasterio de San Pedro Mártir.** En su iglesia se halla el sepulcro de doña María de Horozco.

80. **Palacio de la Sisla.** Situado en terrenos militares de la Academia de Infantería, este palacio fue dinamitado. En lo poco que se conserva aparecen signos masónicos y herméticos.

81. **Palacios de Villena.** Donde hoy se ubica la Casa del Greco fue, en realidad, el palacio del Marqués de Villena, afamado mago, astrólogo y alquimista.

82. **Paseo de los Canónigo**s. Aquí estuvo el «brasero» (quemadero) de la Inquisición.

83. **Paseo del Carmen.** Aquí estuvo el pradito del Carmen donde la cofradía de la Paz y de la Caridad enterraba a los ajusticiados de Toledo y a los ahogados en el Tajo. El desaparecido convento que da nombre al paseo albergaba la tumba de Juanelo Turriano.

84. **Plaza de la Ropería.** Lugar de numerosos vecinos criptojudíos procesados por la Inquisición.

85. **Plaza de Zocodover.** Cruces tumularias, lugar de ajusticiamientos, enclave donde se ubicaba el clavicote, autos de fe...

86. **Plaza de San Agustín.** Casa de un Secretario del Santo Oficio Alfonso Castellanos (se ve en el dintel de la casa esculpido en la piedra).

87. **Plaza de San Justo.** En sus alrededores, hacia su espalda, donde más tarde Cisneros fundaría un convento, estuvo la primera sede de la Inquisición de nuestra ciudad.

88. **Plaza del Juego de Pelota.** Segunda sede de la Inquisición en Toledo.

89. **Plaza del Salvado**r. Casa de la hechicera Isabel Bautista.

90. **Plaza Escondida.** Aquí estuvo la casa encantada más famosa de la ciudad.

91. **Piedra del Descendimiento.** Se encuentra en una pequeña capilla en el interior de la catedral. Es la piedra sobre la que la Virgen puso sus pies cuando bajo a imponer la casulla a San Ildefonso.

92. **Posada de la Hermandad.** Sede de la Hermandad encargada de proteger a los vecinos de los Montes de Toledo de los

asaltadores y golfines. Sus mazmorras fueron escenario de un relato de Edgar Allan Poe titulado *El pozo y el péndulo*.

93. Puente de San Martín. Signos lapidarios.

94. Puerta del Cambrón. Por su parte derecha estaba la casa de otra afamada hechicera toledana: Inés del Pozo.

95. Puerta del Reloj de la catedral. Zoología fantástica.

96. Sinagoga del Tránsito. Apareció hace poco tiempo la momia del que se supone fue el último capellán de este enclave cuando aún era una ermita.

97. Subterráneos de la calle Alfonso XII. Impresionante hipogeo vinculado a las termas romanas.

98. Torreón del baño de la Cava. Julio Porres[61] se ocupó de él. Guarda relación con la llamada tradición del rey Rodrigo y la pérdida de España. Apariciones de Florinda La Cava.

99. Venta del Alma. Escenario principal del cuento teosófico de Mario Roso de Luna titulado *La venta del Alma una página del Toledo judío*.

100. Virgen del Tiro. En una de las fachadas de la catedral se encuentra esta pequeña virgen negra conocida como la Virgen del Tiro[62], que la tradición asegura haber pertenecido al Temple.

[61] PORRES MARTÍN-CLETO, J.; *Un enigma histórico: el baño de la Cava*, Madrid, Castalia, 1991.

[62] RODRIGUEZ BAUSÁ, L.; *Templarios en Toledo*, Toledo, Covarrubias, 2009.

Bibliografía

• ALCOCER, P.; *Historia o descripción de la imperial ciudad de Toledo*, Toledo, Juan Ferrer, 1554.

• ÁLVÁREZ DE TOLEDO, J. y RODRÍGUEZ BAUSÁ, L.; *La vuelta a Toledo en 80 leyendas*, Toledo, Toletum revolutum, 2019.

• BLÁZQUEZ MIGUEL, J.; *La Inquisición en Albacete*, Albacete, Instituto de Estudios Albacetenses, C.S.I.C., Confederación Española de Centros de Estudios Locales, 1985.

• *La Inquisición en Castilla-La Mancha*, Madrid, Servicio de Publicaciones Universidad de Córdoba, Monografías, nº 86, 1986.

• *Brujería (manual práctico)*, Madrid, 1988.

• «Un paseo por el Toledo heterodoxo», en VV.AA., *Toledo Mágico y Heterodoxo*, pp. 104-5, Toledo, Caja de Toledo, 1988.

• «Superstición, magia y brujería en Toledo», en *Actas del I Congreso Toledo Mágico y Heterodoxo*, Toledo, 1988.

• *Eros y Tanatos. Brujería, hechicería y superstición en España*, Toledo, Serie Striga, 1, 1989.

• *Castilla-La Mancha. Magia, superstición y leyenda*, León, 1991.

• CARO BAROJA, J.; *Toledo*, Barcelona, Destino, 1988.

• CASTAÑOS MONTIJANO, M.; «Subterráneo misterioso», en *Arte e Historia*, 151, pp. 116-7, 1920.

CHARPENTIER, L.; *El misterio de los templarios*, Barcelona, Bruguera, 1978.

• CERRO MALAGÓN, R. del; «Las cuevas de San Ginés: Alejamiento de un mito y aproximación a una realidad», en *Toledo mágico y heterodoxo*; Toledo, Caja de Ahorros, 1988.

- ESLAVA GALÁN, J.; *El enigma de la mesa de Salomón*, Barcelona, Martínez-Roca, 1988.
- FEIJÓO, J.B.; «Cuevas de Salamanca y Toledo y mágica de España», en *Theatro Crítico Universal*, t. VII, Madrid, Imprenta de Lorenzo Francisco Majado.
- FERREIRO ALEMPARTE, J.; «La escuela de nigromancia de Toledo», en *Anuario de Estudios Medievales*, n° 13, Madrid, 1980.
- GARCÍA ATIENZA, J.; «Los lugares mágicos», en *El mundo mágico*, Historia 16, n° 136, Madrid, 1987.
- *Guía de la España griálica*, Barcelona, Arín, 1988.
- *Montes y simas sagrados de España*, Madrid, Edaf, 2000.
- GARCÍA-DIEGO, J.A.; «La cueva de Hércules», en *Revista de Obras Publicas*, n° 3014, 1974.
- LACH, K.; *El renacer de la cerámica toledana en el siglo XX*, Bad Marienberg, 2018.
- MORALEDA Y ESTEBAN, J.; *Leyendas históricas de Toledo*, Toledo, Menor Hermanos, 1892.
- «La cueva de San Gil», en *Toledo. Revista ilustrada de Arte*, año 1, n° 13, Toledo, 1915.
- MENÉNDEZ PIDAL, R.; *Floresta de leyendas heroicas españolas*, Madrid,Gredos, 1926.
- PARRO, S.R.; *Toledo en la mano*, Toledo, Diputación Provincial, 1980.
- PASCUAL, C.; *Guía sobrenatural de España*; Madrid, Al-Borak, 1979.
- PASSINI, J.; «La antigua iglesia de San Ginés de Toledo», en *Tulaytula*, n°10, Toledo, 2002.
- PISA, F.; *Descripción de la Imperial ciudad de Toledo*, Toledo, Pedro Rodríguez, 1605.
- PORRES MARTÍN-CLETO, J.; *Un enigma histórico: el baño de la Cava*, Madrid, Castalia, 1991.
- «Comentarios al artículo 'La cueva de Hércules' de José Antonio García-Diego, publicado en el mes de octubre de 1974», en *Revista de Obras Públicas*, mayo, 1975.
- RODRÍGUEZ BAUSÁ, L.; *Toledo insólito: Ensayo sobre lo mágico, oculto y misterioso*, Toledo, Bremen, Toledo, 1993 y 2003.

• «Disquisiciones sobre lo mágico en Toledo», en *Toledo, Tierras y pueblos. Revista de cultura provincial*, nº 8, Toledo, 1998.

• «Una curiosa relación: Toledo y el Santo Grial», en *Toledo, Tierras y pueblos*, nº 10, Toledo, 1999.

• *Templarios en Toledo*; Toledo, Covarrubias, 2009.

• *Toledo de tinieblas: Momias, emparedadas y cementerios*, Toledo, Ledoria, 2024.

• RODRÍGUEZ BAUSÁ, L. y MATEO ÁLVAREZ DE TOLEDO, J.; *Guía mágica de Toledo y su provincia*, Toledo, Covarrubias, 2010.

• ROJAS, P.; *Historia de la imperial, nobilísima y esclarecida ciudad de Toledo*, Madrid, Diego Díaz de la Carrera, 1654.

• RUIZ, J.; *Tradición heterodoxa y ocultismo en Castilla-La Mancha*, Almud, 1983.

• SÁNCHEZ, M.; *Guerrero Malagón: Un pintor bajo el signo de Toledo*, Toledo, 2009.

• SÁNCHEZ-DRAGÓ, F.; *Gárgoris y Habidis: Una historia mágica de España*, Madrid, Planeta, 1979.

• SIERRA, J.: *Procesos en la Inquisición de Toledo (1575-1610): Manuscrito de Halle*, Madrid, 2005.

• TSIOLIS V.; «La cisterna de la cueva de Hércules y su evolución», en *El agua en Toledo y su entorno*, Cuenca, Ediciones de la Universidad de Castilla-La Mancha, 2018.

VEGA, A.; *Toledo escondido*. Obtenido de https://toledo-escondido.com/dibujos-con-mucha-historia/calle-e-iglesia-de-san-miguel-el-alto-cueva-de-la-casa-del-duende-y-barrio-de-los-templarios/, 2012.

VV.AA.; *Lugares mágicos de España y Portugal*, Badajoz, Esquilo, 2007.

Catálogo de las causas contra la Fe seguidas ante el Tribunal del Santo Oficio de la Inquisición de Toledo..., Madrid, Archivo Histórico Nacional, 1903.

ÍNDICE